spírito
e Negócios

arry e Christine
eckwith

Você L. da

Melhore a sua comunicação ◼

Saiba como se "vender" melhor ◼

Descubra a melhor forma de se apresentar ◼

Actual Editora
Conjuntura Actual Editora, L.^{da}

Missão

Editar livros nos domínios da Gestão e da Economia e tornar-se uma editora de referência nestas áreas. Ser reconhecida pela sua qualidade técnica, **actualidade** e relevância de conteúdos, imagem e *design* inovador.

Visão

Apostar na facilidade e na compreensão de conceitos e ideias que contribuam para informar e formar estudantes, professores, gestores e todos os interessados, para que, através do seu contributo, participem na melhoria da sociedade e da gestão das empresas em Portugal e nos países de língua oficial portuguesa.

Estímulos

Encontrar novas edições interessantes e **actuais** para as necessidades e expectativas dos leitores das áreas de Economia e de Gestão. Investir na qualidade das traduções técnicas. Adequar o preço às necessidades do mercado. Oferecer um *design* de excelência e contemporâneo. Apresentar uma leitura fácil através de uma paginação estudada. Facilitar o acesso ao livro, por intermédio de vendas especiais, *website*, *marketing*, etc. Transformar um livro técnico num produto atractivo. Produzir um livro acessível e que, pelas suas características, seja **actual** e inovador no mercado.

Você, L.da

Harry e Christine Beckwith

www.actualeditora.com
Lisboa — Portugal

Actual Editora
Conjuntura Actual Editora, L.da
Caixa Postal 180
Rua Correia Teles, 28 A
1350 100 Lisboa
Portugal

TEL: (+351) 21 3879067
FAX: (+351) 21 3871491

Website: www.actualeditora.com

Título original: *You, Inc. The art of selling yourself*
Copyright © 2007 de Harry Beckwith e Christine Clifford Beckwith
Edição original publicada em Março de 2007 por Warner Business Books (USA)

Edição Actual Editora – Abril de 2008
Todos os direitos para a publicação desta obra em Portugal reservados
por Conjuntura Actual Editora, L.da
Tradução: Manuela Ramos
Revisão: Marta Pereira da Silva
Design da capa e paginação: Fernando Mateus
Gráfica: Guide – Artes Gráficas, L.da
Depósito legal: 274914/08

ISBN: 978-989-8101-30-3

Nenhuma parte deste livro pode ser utilizada ou reproduzida, no todo ou em parte, por
qualquer processo mecânico, fotográfico, electrónico ou de gravação, ou qualquer
forma copiada, para uso público ou privado (além do uso legal como breve citação
em artigos e críticas) sem autorização prévia por escrito da Conjuntura Actual Editora.

Este livro não pode ser emprestado, revendido, alugado ou estar disponível em qualquer
forma comercial que não seja o seu actual formato sem o consentimento da sua editora.

Vendas especiais:
O presente livro está disponível com descontos especiais para compras de maior
volume para grupos empresariais, associações, universidades, escolas de formação e
outras entidades interessadas. Edições especiais, incluindo capa personalizada para
grupos empresariais, podem ser encomendadas à editora. Para mais informações
contactar Conjuntura Actual Editora, L.da

Índice

	Introdução	11
1	***Dezasseis Velas* e empregados de mesa perspicazes:**	
	o que as pessoas compram	**13**
	Viver é vender	14
	A alma de todas as transacções	15
	O que vende realmente	15
	O que é valorizado	17
	Nada mais do que sentimentos	17
2	**Do beijo na China a *Graceland*:**	
	planear e preparar	**19**
	"Ter o fim em vista"	20
	A verdadeira função de estabelecer objectivos	21
	Afinal quem é você?	22
	O que é que faz?	22
	"O homem dos sete instrumentos"	23
	Qual é a sua diferença?	24
	A sua terceira pergunta	24
	A quarta pergunta e o poder dos estereótipos	25
	O que procurar	26
	Trabalhe os pontos fracos	27
	Precipitar-se para conclusões	28
	Mentor – ou mentores?	29
	A chave para o sucesso	30
	Procure um comportamento exigente	31
	Cultivar uma imagem	32
	Decidem, depois pensam	33
	Compram-no com os olhos	34
	A sua embalagem	34
	Efeitos visuais e estereótipos	36
	Equipe-se contra o seu estereótipo	37
	Invista em si	38
	Truques e atalhos	40
	Pense de forma diferente da habitual	40
	As recompensas ignoradas da educação	42
	Levar este livro a Santiago	43
3	**Motas, maçãs e roupa interior do escritor:**	
	comunicar	**45**
	Como fazer a mudança	46
	Vender aos confusos	47
	A primeira *verdadeira* para comunicar	47
	Simplifique	48
	O que lhe diz a Wal-Mart	49
	A roupa interior do escritor	50
	A marca chamada você	51

Ideias para a sua marca	52
A sabedoria da Apple: procure as metáforas	54
Ideias para metáforas	55
Não me faça rir	56
Mostrar as suas referências	57
Não siga estratégias: crie-as	57
O que é "uma boa história"?	59
O primeiro truque para contar uma história	60
O segundo truque para contar uma história	61
Trabalhe a mensagem	62
O talento dos esclarecedores	62
Seja claro	63
O seu último passo	63

4 As duas competências-chave: ouvir e falar   **65**

Como se tornar atraente	66
Os ouvidos têm algo fascinante	66
A maneira mais fácil de perder alguém	67
A nossa interpretação errada sobre ouvir	69
Mais um passo	69
Ouça o que não é dito	70
Prove que ouvir resulta	71
A alma de todas as apresentações	71
O papel da eloquência	73
Como continuar a avançar	74
Alcançar uma audiência	74
Nos seus olhos	75
Como fazer um excelente discurso em dez minutos	75
Como fazer um excelente discurso em trinta minutos	76
Por que é que os discursos devem ser breves	76
Cativar o fundo da sala	76
Piadas	78
A única piada que funciona	79
Os perigos do PowerPoint	80
Auxiliares para compreender?	80
Auxiliares visuais, sim. Auxiliares de memória, não	81
Onde os *slides* falham mais	82
Como saber se fez uma apresentação excelente	84

5 De Robin Williams a Dr. Jekyll: relacionamentos   **85**

A lição da loucura dos democratas	86
Todas as vendas são emocionais	87
O que os outros mais esperam de si	88
O momento-chave em qualquer relação	89
Tudo o que precisamos é de amor	89
A importância da importância	91

O que é que as pessoas querem?	92
O mais rápido vence a corrida	93
Tudo o que deve saber sobre integridade	95
O outro conhecimento muito importante	95
Como falhar completamente	96
Terreno comum	97
Adaptar e adoptar	98
O relacionamento é palavras mágicas	100
O que a P&G sabe: cinco minutos mais cedo	100
O poder extraordinário do que é comum	101
O comum em acção	102
Jekyll, não Hyde: ser previsível	103
Preste atenção aos condutores de máquinas	104
O poder do sacrifício	106

6 Cabeleiras voadoras, cobras e demónios: atitudes e crenças — **107**

As crenças funcionam	108
Faça aquilo que gosta de fazer	108
Mas já ouvi isso antes	109
Três passos em frente	110
A nossa má interpretação	110
A vida é aquilo que faz dela?	111
Faça-se sentir desconfortável	112
Mas eu sinto-me desconfortável	112
Não é fácil a ideia geral?	113
Mais uma vez	114
Escolha os pontos, não as linhas	114
O problema do dinheiro (além de não ter o suficiente)	115
Despedir, ser despedido e outros acontecimentos divertidos	116
Um clássico dos negócios	117
O rei da confiança	118
O poder de Peter	119
Confiança e grandeza	120
Vá para dentro	121
Os que se riem	122
Comparação com os outros	123
Seja você mesmo (não tem outra alternativa!)	124

7 Sexo (finalmente) e outros assuntos importantes: tácticas e hábitos — **125**

O poder das coisas pequenas	126
A sua maior dívida	127
Agradeça de forma inesquecível	128
Obrigado	130
O valor egoísta do "Obrigado"	130
Como escrever um agradecimento eficaz	131
O que diz o seu telemóvel	131

Faça como os chineses	131
Falar ao telefone	132
Nunca faz chamadas "a frio"	133
Conforto e roupa	133
A regra do AI (Algo Inesquecível)	134
Um fato muito bom, muito escuro	135
Sapatos de atacadores, pretos e caros	136
Por que é que as pastas que causam boa impressão funcionam	136
O princípio do sistema à prova de falhas	137
Esperteza	138
Absolutamente a evitar	139
Outra coisa a evitar	139
Também não diga isto	139
Sexo (Finalmente!)	140
Mais sexo	140
O que fazer para acreditarem em si	141
Segredos	141
Erros	142
Faça pelos outros, nem que seja por motivos egocêntricos	142
Como causar uma excelente primeira impressão	144
Sobre criticar	144
A bajulação não o leva a lado algum	145
Já chega de ser durão	146
Cuidado com o cliente que regateia os preços	147
O poder do seu preço	147
O poder do seu preço, segunda parte	148
Tempo	148
Como fixar nomes	149
Existe esperança	150
O seu cartão de visita	151
Cartões de Natal	152
Como escrever um memorando que cause boa impressão	153
Follow-up	153
Arrancar a vitória das garras da derrota	154
Procure mudar	155
A mensagem implícita no *Moneyball*	157
8 A sanduíche de 18 milhões de dólares e o dinossauro: sucessos e fracassos deliciosos	**161**
À procura de Larry Gatlin	162
Todos os dias com Morrie	164
Arnie	170
Barney	171
A sanduíche de 18 milhões de dólares	173
Um dia com o melhor vendedor do mundo	175
Giovanni e a extraordinária força da paixão	178
9 Três pensamentos, um desejo	**181**

Introdução

Este livro começou como se fossem três livros. O primeiro, *Como fazer um milhão de dólares em vendas (três milhões antes de impostos)*, era para ser o primeiro livro de Christine sobre vendas. Harry estava entretanto a planear dois livros. O primeiro, *Cintos de segurança e airbags gémeos*, foi planeado para os nossos filhos e outros que acabavam de entrar no mundo real, um livro que Harry tinha esperança que os preparasse para o choque.

O seu segundo livro, com o nome de código *Quem mexeu no meu garfo da salada?*, abordava regras de etiqueta. Pensou também nos nossos filhos quando concebeu este livro, na esperança de que as suas boas maneiras e capacidade de reflexão tornassem a vida – deles e de outros – melhor.

Agora esses três livros resultaram neste.

Este livro reflecte as lições que foram retiradas de uma experiência partilhada. Ambos damos palestras. Após apenas algumas apresentações, irão aperceber-se de que, embora o vosso anfitrião vos tenha pedido para falarem de negócios, a vossa audiência quer mais. Quer inspiração e uma vida gratificante. Alguns questionam-se se conseguirão realizar alguma delas; outros, em menor número, ambas as coisas, no mundo do trabalho.

A nossa experiência garante-nos que o podem e devem fazer. A vida passa a correr; nós queremos que a viagem seja maravilhosa.

Na busca de respostas, investigámos várias fontes. Estudámos casos de sucesso em muitos dos negócios com que trabalhámos. Cruzámo-nos com uma minoria especial – aqueles a quem o psicólogo e autor de *Passages*, Gail Sheehy, chamou de "pessoas muito felizes" – e sentámo-nos e conversámos com eles, para compreender o que poderíamos aprender e partilhar.

Analisámos também a nossa própria experiência, dando ênfase aos erros cometidos. Como cantava o nosso companheiro do Minessota, Bob Dylan, "Não há sucesso maior do que o fracasso", o que é simultaneamente bom e mau. Mas os erros, embora sejam excelentes professores, não têm graça. Esperamos que este livro vos transmita as nossas lições e vos poupe à angústia que as acompanhou, que duas cabeças são melhores do que uma, mas que um livro é melhor do que três, e que se divirtam tanto a lê-lo como nós nos divertimos a escrevê-lo e a vivê-lo.

(1)
Dezasseis Velas e empregados de mesa perspicazes: o que as pessoas compram

Neste capítulo irá aprender:
- a importância de se saber vender
- o impacto que pode ter e como pode fazer a diferença

(14) Você, L.ᵈᵃ

VIVER É VENDER

É fácil não gostar de vender ou até da própria ideia de vender. Desde a infância que estamos condicionados a não gostar de o fazer. Nas histórias do vendedor da "banha da cobra", em peças como *A morte de um vendedor* e *Glengarry Glen Ross*, e em filmes como *Dinheiro Quente**, as imagens de vendedores fazem-nos parecer sombrios. Vender é um acto desonesto, desumanizante e cruel, e só os "chicos-espertos" é que sobrevivem.

Há quem assim seja, durante algum tempo. Mas deixemos esta situação temporariamente de lado, para lidar com um facto que passa facilmente despercebido:

Viver é vender.

Comece pela infância e lembre-se de todas as chamadas de vendas que fez. Conseguiu desenvolver uma estratégia de vendas para que os seus pais o levassem ao parque de diversões, lhe aumentassem a mesada e adiassem a hora de chegar a casa. Utilizou essa estratégia para dormir fora de casa, ter uma bicicleta melhor, provavelmente o seu primeiro carro. Da mesma forma, vendeu-lhes o "A culpa não foi minha" quando teve um acidente ou quando recebeu um relatório escolar que sugeria um atraso em algumas disciplinas. E por aí fora...

A carreira de vendas da sua infância preparou-o para a sua fase adulta, quando conseguiu convencer a universidade a aceitá-lo, um patrão a contratá-lo e um vendedor de automóveis a fazer-lhe um desconto de 500 dólares no preço de venda. Vendeu aos seus amigos quando os levou ao seu restaurante preferido. Um marido e uma mulher estão constantemente a vender: Que filme vamos ver? Quem é que leva o cão ao veterinário? Quem é que vai ao supermercado?

A questão não está em saber se é vendedor. A questão está em saber como é que se pode tornar mais eficiente.

Igualmente importante, como pode tornar a sua vida mais rica?

Afinal de contas, a resposta a todas estas questões é só uma.

> A vida é uma venda. O caminho para o sucesso, tanto para viver como para vender, é o mesmo.

---

* **N. T.** No original, *Boiler Room*.

A ALMA DE TODAS AS TRANSACÇÕES

Os vendedores inexperientes começam invariavelmente as suas estratégias com uma abordagem ao preço e ao produto, e só a seguir é que falam da empresa. Só no fim, e provavelmente nem sequer nessa altura, é que se vendem a si próprios.

Os vendedores experientes seguem na direcção oposta. Vendem-se a si próprios e à sua empresa, e só depois é que discutem o produto. No final – mesmo no fim – é que dizem: "E agora vamos falar de como o produto é barato, tendo em consideração tudo aquilo de que vai usufruir".

> A primeira coisa que vende é a si próprio.

O QUE VENDE REALMENTE

Quando já somos adultos e ouvimos a palavra "popularidade", soa-nos quase a um artefacto retirado daquilo que resta das nossas velhas escolas. Foi o que sentiu o realizador John Hughes quando realizou o clássico *Sixteen Candles*, tendo em conta que a audiência de adultos também o iria sentir.

Numa história familiar sobre a adolescência e a escola secundária, o filme retrata um momento clássico. A "Miúda Gira" visualiza o seu futuro com o seu "Namorado que é um borracho".

Pinta-lhe o seu quadro de felicidade perfeita que partilham como adultos:

"Estamos casados e somos o casal mais popular da cidade".

Os espectadores riem-se. Mas, um dia, apercebemo-nos de que a vida se *parece* mais com a escola secundária do que imaginámos e aquela observação inocente do filme de Hughes descreve-nos o nosso futuro. Meryl Streep também nos avisou certa vez. "Julgava que a vida ia ser como a universidade, mas não é", disse ela. "A vida é como a escola secundária".

A actriz lamentava que as competências que os professores pareciam valorizar tanto tinham menos valor do que ela julgava, enquanto a popularidade parecia ser muito mais importante.

(16) Você, L.^{da}

Qualquer escola secundária teve a sua Ardis Peters. Os pais não eram abastados. O seu rosto era mais expressivo do que bonito. Nunca tentou fazer parte de uma claque e, se tivesse tentado, provavelmente não teria tido sucesso. No entanto, não conseguíamos resistir-lhe, pois tinha uma qualidade que todos apreciavam, mas que poucos entendiam ou conseguiam definir.

Apenas sabíamos que gostávamos dela. Ao olharmos para trás, o motivo torna-se óbvio: Ardis tinha uma maneira de encarar a vida que nos atraía. Qualquer um à sua volta partilhava esse sentimento.

As suas memórias podem recuar ainda mais no tempo, para os tempos da Carla Strand da sua escola. Aos sete anos de idade, abraçou a vida e foi também abraçada por ela. Todos queriam fazer parte da sua vida, pois Carla aproveitava-a bem e conseguia transmiti-lo.

Meryl Streep, Ardis e Carla dão-nos uma lição importante. É verdade, nesta vida você vende as suas competências. Vende o que sabe e o que consegue fazer. Se, ao usar as suas competências, conseguir ajudar um número suficiente de pessoas, tornar-se-á confiante e enriquecerá.

Contudo, a coisa mais importante que vende para lá disso é, literalmente, você mesmo: *a sua pessoa*. As pessoas "compram" os optimistas, pois agrada-lhes a sua companhia. "Compram" pessoas íntegras, pois aqueles que têm integridade fazem o que dizem que irão fazer. Tal como com algumas marcas de máquinas de lavar, podemos confiar nas pessoas íntegras.

A nossa educação ensina-nos a dominar a nossa arte. Mas como devemos comportar-nos, agir e sentir? A escola não nos ensina a fazê-lo e muitos professores dão-nos exemplos que devíamos ignorar.

Mas Meryl Streep, Ardis e Carla fazem-nos lembrar que aprendemos alguma coisa na escola secundária: a atitude é importante. *A atitude vende*.

Desenvolva as suas competências, aperfeiçoe-as e depois aperfeiçoe-as cada vez mais todos os dias. Mas nunca se esqueça de que a compram a si.

O sucesso e a realização pessoal são resultado do desenvolvimento de todas as suas qualidades – começando pelas mais profundas.

O QUE É VALORIZADO

Para perceber o que os outros realmente valorizam, observe-os quando colocam o "seu dinheiro onde comem" – literalmente.

Repare nas gorjetas que deixam.

Estudos recorrentes realizados a clientes de restaurantes revelam que já não se deixa uma gorjeta maior por um serviço eficiente e rápido do que por um serviço deficiente e lento.

Pelo contrário, deixam uma gorjeta maior quando o empregado as faz sentirem-se bem. Um sorriso caloroso, um "Olá, de novo, Mr. Peters" ou qualquer outro comentário do tipo "Gosto de si", tudo isto incita a gorjetas maiores.

Quando a revista *New Yorker* analisou recentemente estes resultados, um comentador afirmou ter ficado preocupado. Por que motivo nos recusamos a pagar mais por um "serviço de qualidade", mas pagamos mais por pequenos gestos banais de amizade aparente?

Pagamos mais por esses "gestos banais", porque não são banais; são aquilo que valorizamos num serviço.

> As pessoas valorizam – e pagam mais – pela maneira como as fazem sentir.

NADA MAIS DO QUE SENTIMENTOS

Uma das maiores companhias de seguros entrevistou recentemente outras empresas para gerirem a área das remunerações de colaboradores. Depois de terem entrevistado as três empresas finalistas, os três elementos da equipa de selecção ficaram desconcertados. Decidiram-se por uma solução perfeita.

Deslocaram-se à sede de cada uma das empresas finalistas e passearam-se por lá, para "captarem o ambiente" em cada um destes espaços.

Quando entraram no átrio da terceira empresa, houve qualquer coisa que de repente "batia certo". Ficaram apenas quatro minutos e foram-se embora.

De regresso a casa, vindos do aeroporto, ligaram para a terceira empresa com a boa notícia de que tinham ganho um negócio de vários milhões dólares.

(18) Você, L.ᵈᵃ

Muitas vezes, é esta a diferença. Não se trata de uma questão de competências superiores. Nem de mais anos de experiência. Trata-se apenas de qualquer coisa minúscula, como o sentimento que transmitimos aos outros.

As pessoas compram sentimentos.

(2)
Do beijo na China a *Graceland*: planear e preparar

Neste capítulo irá aprender:

- a conhecer-se melhor para transmitir a imagem certa
- a controlar os estereótipos
- a trabalhar os seus pontos fracos com coerência

(20)   Você, L.^{da}

"TER O FIM EM VISTA"

Alguém perguntou como é que nos tornámos autores.

"Demos uma palestra".

Anos mais tarde, perguntavam-nos como é que nos tínhamos tornado oradores. Ambos demos uma resposta igualmente honesta:

"Escrevemos um livro".

Não planeámos ser oradores nem autores. Continuámos simplesmente a fazer o que gostávamos de fazer. Não tínhamos qualquer objectivo em vista. Havia apenas um caminho por onde gostaríamos de ir.

E esse caminho começou com: "Christine, devias ser escritora". Perguntavam-me por que motivo nunca insistira na minha paixão. Dei sempre a mesma resposta: não conseguia imaginar um tema sobre o qual soubesse o suficiente.

Quatro semanas depois de ter sido operada a um cancro da mama, em Dezembro de 1994, acordei a meio da noite com uma visão: *cartoons*. A minha cabeça começou a encher-se com quase 50 *cartoons* relacionados com cancro.

Passaram-se dias, semanas, meses, enquanto me submetia aos tratamentos. À medida que procurava sinais de divertimento na situação desagradável pela qual estava a passar, os meus *cartoons* tornaram-se o centro das minhas atenções. Quanto mais procurava, mais encontrava.

Doze meses depois assinei um contrato, não para um, mas para dois livros cheios desses *cartoons*, onde utilizava o humor para enfrentar o cancro. Se tivesse estabelecido como "objectivo" ser autora, podia nunca ter escrito um livro. Continuei simplesmente a insistir nas minhas paixões e, uma noite, surgiram dois livros.

Como dizia, e bem, um cartaz da década de 1970 da Nike, "Não existe uma meta final". Não existe um "fim". A vida continua, até parar. Planeamos ir para o paraíso, para chegarmos à conclusão que ele não existe. Ou chegamos ao nosso destino apenas para chegarmos à conclusão que não é o fim. Muitas vezes nem chega sequer a existir uma paragem no caminho.

Deve estabelecer objectivos? Talvez, sobretudo se precisa que o incitem a passar à acção. Mas se só os objectivos o fazem passar à acção, deve estabelecer outro objectivo:

Encontrar a sua motivação em algo que não seja nos objectivos.

Para onde deve olhar? Mais fundo.

A VERDADEIRA FUNÇÃO DE ESTABELECER OBJECTIVOS

No início da sua carreira, e perto da pobreza, o actor Jim Carrey escreveu uma nota num pedaço de papel, enfiou-o no bolso da camisa e guardou-o até não precisar mais dele.

A nota dizia: "Faz um milhão de dólares".

É por causa de histórias como a de Jim Carrey que acreditamos que estabelecer objectivos é o primeiro passo para os atingirmos. Achamos que Jim Carrey fez um milhão de dólares porque estabeleceu-o como objectivo e escreveu-o num papel. Parece-nos que é raro um livro de "auto-ajuda" que não saliente: "Estabeleça objectivos".

Mas não entendemos bem essa coisa de estabelecer objectivos.

Primeiro, você estabeleceu objectivos, mesmo sem nunca os ter anotado. Quer ter cuidado com o que come, correr cinco quilómetros com menos esforço e aproximar-se mais do seu pai. Raramente pensa nestes "objectivos". Mas, em determinados momentos, estes pensamentos passaram-lhe pela cabeça e dedicou-se a eles. Estabeleceu objectivos; poucos seres humanos não o fazem.

Mas o valor de estabelecer objectivos não resulta apenas dos objectivos. Tem que ver com o raciocínio que o levou a planeá-los e com o conhecimento que daí resultou. Estabeleça objectivos com outros e aprenderá com isso. Ficará a saber o que os outros valorizam e aprenderá mais acerca deles, e isso ajuda-o a tomar decisões melhores e mais informadas, todos os dias.

Nos negócios, isso acontece regularmente. O valor de um plano de negócios dificilmente resulta dos objectivos e das estratégias que definiu. Esses objectivos e estratégias mudam tão cedo e com tanta frequência que muitos planos de negócios significam mais: "O que vamos planear, até mudarmos de ideias?" O facto de ignorarmos esses planos não interessa. O que interessa é o que aconteceu enquanto delineou o plano: *Todos aprenderam.*

> Estabeleça objectivos, não porque o ajuda a alcançá-los, mas porque lhe ensina alguma coisa.

AFINAL QUEM É VOCÊ?

Utilizando um antigo *slogan* publicitário, a sua marca é a verdade acerca de si.

Como qualquer empresa, todos temos uma dezena de boas histórias para contar, que revelam coisas sobre determinada pessoa. Um dos talentos do *marketing* é descobrir estas histórias – algumas esquecidas, ignoradas ou negligenciadas pela empresa – e saber contá-las.

Esta é também a sua tarefa. *Qual é a sua história – a verdadeira história?*

Qual a melhor maneira de a contar?

Pode precisar de ajuda. Alguém que esteja de fora ou que o conheça bem pode transmitir-lhe o seu ponto de vista.

Comece por aí. Peça ajuda se for necessário, mas faça-o:

> Descubra a sua história, conte-a bem.

O QUE É QUE FAZ?

A maioria dos investidores de capitais de risco colocam normalmente duas perguntas às empresas que lhes pedem dinheiro e ajuda.

A primeira pergunta é simples, mas muitas vezes as respostas não o são:

O que é que você – ou aquilo que está a vender – faz?

Terá de responder também de uma forma simples. Se não, confundirá o outro. Se der a entender que faz muitas coisas, ou muitas coisas aparentemente não relacionadas umas com as outras, o outro pode pensar que não faz qualquer delas bem feita.

Coloque a questão. Anote a resposta. Mostre-a a quatro pessoas cuja opinião valorize. Pergunte-lhes:

É clara?

É simples?

Inspira a confiança de que está suficientemente focalizado para dominar o que está a vender?

> Pergunte e responda: O que é que faz?

"O HOMEM DOS SETE INSTRUMENTOS"

A indústria dos seminários e conferências inclui centenas de personalidades, mas mais tarde ou mais cedo aparece sempre "o homem dos sete instrumentos".

Pergunte-lhe qual é a sua especialidade. Formação de equipas? Mudança? Criatividade e Inovação? Liderança? Vendas?

Sim, responde ele, as cinco! Além da Motivação, do *Marketing* e de outros quatros tópicos.

Pode interrogar-se se está a falar com um Erasmo moderno, a última pessoa com a reputação de saber tudo. Ficará também surpreendido, pois "o homem dos sete instrumentos" aparenta ter cerca de 40 anos. No entanto, em apenas 18 anos de profissão, tornou-se aparentemente um perito em virtualmente quase tudo, excepto em Finanças e em Tecnologias de Informação.

Sabendo todas as coisas que aparentemente ele consegue fazer, contraria "o homem dos sete instrumentos" para fazer o quê?

Nada.

Nunca se lembrará da especialidade do "homem dos sete instrumentos" ou nunca pensará nele se for aflorado o tema da Liderança, pois "o homem dos sete instrumentos" inundou a sua memória com uma lista tão longa de competências que não se lembra de nenhuma.

Pior, e como é óbvio, ele definiu-se a si próprio não como um especialista em vários assuntos, mas como um perito em nada.

Sabemos que "os homens dos sete instrumentos" não são especialistas em nada e o que as pessoas procuram são especialistas. Confiam nos especialistas. Tente agradar a milhares e acaba por não agradar especialmente a ninguém.

Procure um nicho de mercado. Mesmo que alcance um leque alargado, descubra o que é que o seu interlocutor precisa e concentre a sua mensagem apenas nessa necessidade.

> Pergunte: Qual é a sua especialidade? (E certifique-se de que tem uma.)

(24) Você, L.^{da}

QUAL É A SUA DIFERENÇA?

A segunda pergunta que deve colocar a si próprio, depois de ter perguntado "O que é que faz?", parece ser lógica, mas provocadora. É um desafio que tem de enfrentar:

"Por que é que tem importância?"

Em que aspecto é que você – ou aquilo que vende – marca a diferença?

Os *marketers* referem frequentemente a necessidade de definir o "ponto de diferença" de cada um. Esta linguagem é importante. Não deve apenas responder ao que é que o torna diferente, mas como é que aquilo que faz pode significar a diferença para outros.

Coloque esta pergunta. Anote a resposta. Mostre-a a quatro pessoas cuja opinião valorize.

Peça-lhes que sejam implacavelmente duros nas suas respostas.

> Pergunte e responda: Em que aspecto é que você, ou aquilo que vende, marca a diferença?

A SUA TERCEIRA PERGUNTA

Parte da genialidade da Southwest Airlines resulta do facto de o seu líder, Herb Kelleher, estar constantemente a fazer aos seus colaboradores uma terceira pergunta:

Somos uma empresa que os nossos concorrentes invejam?

Se não, por que não?

Aplique isto ao que estiver a vender e a seguir a si próprio.

Pergunte: "Se não, por que não? E o que posso fazer para mudar?"

> Você é invejável? Como é que se pode tornar invejável?

A QUARTA PERGUNTA E O PODER DOS ESTEREÓTIPOS

Apresentámos uma campanha publicitária inovadora aos fabricantes dos grandes monitores para os computadores da Apple. Oferecemos inclusivamente um valor acrescentado inesperado: um novo e engenhoso nome para a empresa e para os seus monitores – "tatuagens para o cérebro", como alguns chamam aos nomes de marcas.

O cliente ficou fascinado e transmitiu-nos isso. Gostou da estratégia, do criativo, dos anúncios, da cópia, inclusive dos nossos sapatos e das nossas gravatas.

A seguir à apresentação fomos para casa de carro e ligámos para o Haskell's Wine & Spirits e encomendámos duas garrafas de champanhe.

Esperámos pelas boas notícias. Nunca chegaram. Adjudicaram o negócio à BBD&O.

Finalmente, acabámos por ligar, perplexos. Mas gostaram do nosso trabalho, disseram que era o melhor.

"E era. Nunca vimos um trabalho tão estratégico e tão criativo".

"Nesse caso, por que motivo não nos escolheram a nós?"

"Bem, foi só porque o Harry é advogado. *E os advogados não podem ser criativos*".

As pessoas não pensam; criam estereótipos. Não tiram conclusões; categorizam. Não calculam; assumem.

Como prova, olhe para esta lista e faça associações livres, anotando a sua primeira resposta a cada palavra:

- Condutor de Volvo
- Barbicha
- Texano
- Cirurgia plástica facial
- Padre católico

O que é que aconteceu?

Não se preocupe. *Todos* nós o fazemos. Mas reparou como o fazemos de forma automática e inconscientemente?

Todos criamos estereótipos. O conceituado psicólogo William James exprimiu-o na perfeição: "A primeira coisa que o intelecto faz com um objecto é classificá-lo, de acordo com outra coisa qualquer".

É simples de perceber, porque é o que fazemos. Por comodidade e por sobrevivência, o nosso cérebro desenvolveu-se de forma a organizar dados de acordo com padrões óbvios. Aprendemos a associar o preto à morte e à formalidade, por exemplo. Estereotipamos – automaticamente.

Não é pensar, é um substituto mais simples. Não se pode estudar alguém e tentar entendê-lo sem se trabalhar arduamente. A maioria de nós nunca se submete a essa prova, em parte porque não tem a certeza de que chegará à conclusão acertada, mesmo após uma ponderação cuidada.

Os nossos estereótipos não são exactos, mas ajudam. Apesar de tudo, o nosso tempo é curto.

É por esse motivo que perguntamos imediatamente a uma pessoa que acabamos de conhecer: "Então, o que faz na vida?" A resposta permite-nos categorizar essa pessoa. Contabilista? Firme. Advogado? Arrogante. Engenheiro? Analítico. Autor? Inconformista. O nosso cérebro dá-nos uma imagem rápida – imagem essa que obscurece a nossa visão de alguém único que existe por detrás desse ser.

Quando viram gravações de um "Professor de Estatística" e outra de um "Professor de Psicologia Humanista", um grupo de alunos da Nalini Amabady's Harvard achou o primeiro homem "frio, distante e tenso", enquanto o segundo grupo achou o "humanista" simpático e profundamente interessado nos estudantes. *Eram o mesmo homem*.

Nas agências de publicidade, um bom profissional de *marketing* nunca pergunta apenas: "Qual é a sua posição actual no seu mercado?" É uma questão determinante. Mas não é a única que se deve colocar imediatamente.

A segunda questão-chave é: "Como são vistas as empresas da sua indústria e aqueles que nela trabalham?"

Qual é o estereótipo?

Coloque também esta questão a si próprio.

> Antes de tentar efectuar uma venda, pergunte: será que me podem estereotipar?

O QUE PROCURAR

Quais as situações que o fazem sentir-se desconfortável num negócio? Anote-as.

Como se sente?

Quando começou e há quanto tempo?

Com quem pode falar sobre esse assunto e como o ultrapassar?

As situações que o fazem sentir-se desconfortável num negócio são aquelas em que é mais fraco e vulnerável. Nessas alturas comete erros enormes, que o inibem de agir e o impedem de se sentir melhor.

Combata essas situação e a sua vida irá acelerar.

Não é o conselho mais fácil de ouvir e é um dos mais difíceis de seguir. Mas é precisamente por isso que ouvir e seguir este conselho o levará a um lugar especial. Porque a maior parte de nós volta as costas ao ouvi-lo, repete os mesmos erros, sofre em silêncio e contém-se.

Não aja assim. Pratique este exercício todas as semanas. Como qualquer outro trabalho pesado, irá deixá-lo dorido. No entanto, pratique-o todas as semanas e sentir-se-á mais forte.

Quando chegar a uma altura em que foi o mais longe que pôde, tente encontrar alguém que o faça prosseguir o resto do caminho – o equivalente ao colega de treino com quem a maioria dos atletas conta para maximizar a sua progressão.

> Para conseguir ter sucesso, descubra aquilo que o faz sentir-se desconfortável.

TRABALHE OS PONTOS FRACOS

Vá uma tarde a um campo de treino de golfe e observe a natureza humana. Verá uma dezena de pessoas a acertar com mais pontaria, em média, do que é costume acertar-se no campo de golfe. Todos lhe dirão que se batessem tão bem na bola no campo de golfe, o seu *handicap** baixaria sete pontos.

Estas pessoas também pensam ter a explicação para que isso aconteça. Sentem-se mais descontraídas a bater nas bolas quando não está nada em jogo. No entanto, coloque-as à frente de um *green*** e enfie-lhes um cartão de marcação no bolso e a bola voa em todas as direcções, menos em frente.

A tensão e a ansiedade explicam algumas más tacadas por *round*. Contudo, a explicação para as outras sete ou oito tacadas é simples. E está precisamente nas mãos dos jogadores de golfe:

Estão a praticar com o seu taco favorito.

---

* **N. T.** Tipo de pontuação que mede o aproveitamento de cada jogador, sendo subtraído do total de tacadas. É utilizado para igualar as possibilidades de vitória de jogadores de níveis diferentes.

** **N. T.** Área onde fica o buraco, onde a relva é fina, compacta e aparada rente ao solo.

(28) Você, L.^{da}

Se uma jogadora de golfe maneja melhor o seu taco *seven iron** do que qualquer outro, vai ser precisamente esse que ela vai escolher. (Excepto quando é o seu *driver***, pois todos os jogadores de golfe querem atingir um *drive**** maior.)

Acontece no golfe o mesmo que acontece na nossa vida. Aplica-mo-nos nos nossos pontos fortes, mas ignoramos os nossos pontos fracos.

Imagine o desperdício. Só consegue melhorar um pouco, ou mesmo nada, os seus pontos fortes. Mesmo que os melhore, há uma boa hipótese de ninguém reparar nisso; as pequenas melhorias são difíceis de reconhecer. Os outros reparam é nos seus pontos fracos; se os trabalhar, a sua melhoria pode ser surpreendente e visível a todos.

Descubra os seus pontos fracos e trabalhe-os.

Esteja grato pelos seus pontos fortes, mas trabalhe os seus pontos fracos.

PRECIPITAR-SE PARA CONCLUSÕES

Para os criativos das empresas as soluções pareciam óbvias.

O cliente trabalhava num local dominado por mulheres (61 por cento), cujos potenciais clientes eram também predominantemente mulheres (63 por cento): medicina veterinária.

Ao terem tido conhecimento de que as mulheres dominavam ambos os lados da mesa – tanto a veterinária como a dona do animal doméstico –, a agência decidiu que qualquer que fosse o nome que recomendassem, teria de ser apelativo para as mulheres.

Os criativos consideraram centenas de nomes e seleccionaram-nos até lista final de 12. A seguir, os investigadores testaram-nos formal e informalmente para observarem a reacção.

Quanto mais feminino era o nome, mais negativa era a reacção – *das mulheres!* Na realidade, os homens reagiam melhor, mas não de forma positiva.

---

* **N. T.** Um tipo de taco de golfe.

** **N. T.** Taco que alcança a maior distância, usado para buracos longos (200 a 270m).

*** **N. T.** Primeira tacada a partir do *tee*.

Cor-de-rosa, violeta, qualquer nome relacionado com flores: as mulheres odiavam-nos. Mas, claro, os colaboradores da agência pensaram: as mulheres odeiam o cor-de-rosa, o violeta e flores. Mas calma, eles não. Se imaginou que este serviço envolvia moda, perfumes ou cosméticos, também eles imaginaram qualquer coisa. Imaginaram mal.

Precipitamo-nos para conclusões com a mesma pressa com que nos precipitamos a fazer avaliações. Sentimo-nos confiantes nas nossas suposições, mas muitas vezes descobrimos que nos enganámos.

Felizmente, a empresa criou mecanismos à prova de falsas suposições. Contou com outros – equipas e grupos – para lhe darem uma perspectiva global acerca de como as pessoas pensam e de como reagem a determinadas palavras.

Pode estar menos protegido desses erros, mas só se optou por isso. Também pode e deve recorrer a outros. Procure uma segunda, terceira e quarta opiniões.

Não suponha; *pergunte*. Esta frase funciona? Pergunte a seis pessoas. Isto faz sentido? Pergunte a mais seis.

Será que devo levar isto vestido para a reunião com o subempreiteiro? Pergunte.

Sairá mais fortalecido com estes números. Quanto mais pessoas derem opinião sobre os seus desafios, mais probabilidades tem de os realizar.

Os outros podem desafiar as suas suposições e, ao fazê-lo, irão conduzi-lo a decisões melhores.

Não presuma. Pergunte.

MENTOR – OU MENTORES?

De acordo com a sabedoria convencional, um mentor é sempre necessário. Mas, esta conclusão demonstrou basear-se num erro crasso. A origem desta sabedoria confundiu uma coincidência com uma causa.

Não há dúvida que muitos que alcançaram o sucesso tiveram mentores. (Contudo, muitos não tiveram, algo que este debate ignorou). Mas saber que quem teve sucesso teve mentores não prova que tenham tido sucesso devido aos seus mentores. Tanto quanto sabemos, poderiam ter tido sucesso independentemente dos mentores.

(30) Você, L.ᵈᵃ

O motivo pelo qual tiveram mentores reside no facto de aqueles destinados a terem sucesso atraírem todo o tipo de pessoas, inclusivamente mentores. Atraem mentores, fãs, admiradores, até cachorros e gatinhos.

Por isso, a forma de atrair um mentor consiste em revelar as características que o levarão a ter sucesso seja de que maneira for. Será que o mentor lhe resolverá o problema? Provavelmente não. Será que o pode ajudar de uma forma menos significativa? Provavelmente.

Não recorra a um mentor. Concentre-se antes em fazer coisas que possam chamar a atenção dos outros, incluindo a dos mentores.

Se encontrar um mentor, assegure-se de que tem outros. Os mentores são pessoas e as pessoas são falíveis; até os médicos prestigiados erram no diagnóstico. Felizmente, em muitos destes casos o paciente procura ouvir uma segunda e terceira opiniões.

Também deverá fazê-lo.

Ter um mentor é algo que é demasiado valorizado; ter muitos não é.

A CHAVE PARA O SUCESSO

Muitos especialistas em arquitectura, bem como os seus fãs, consideram Frank Lloyd Wright o maior arquitecto moderno do mundo. Mas ele lutou por isso.

A figura mítica de Ícaro também era brilhante. Podia usar asas, colá-las com cera e voar em direcção aos céus. À semelhança de Wright, Ícaro não era humilde. Ao pensar que podia voar no meio dos deuses, aproximou-se demasiado do Sol e pereceu quando este lhe derreteu as asas.

O general George Patton também era brilhante – e gostava de o lembrar a quem quer que sugerisse que poderia ter havido outra forma de ganhar a Segunda Guerra Mundial.

Encontramos pessoas assim por toda a parte e imediatamente perguntamos: os seus pontos fortes são a chave do seu sucesso?

Apenas em parte. Os seus pontos fortes irão levá-lo somente até onde os seus pontos fracos o permitirem.

Por toda a parte se vê pessoas que podiam ter sucesso e a seguir acrescenta as três palavras mágicas:

Se ao menos.

Se ao menos ele ouvisse melhor. Se ao menos conseguisse controlar o seu temperamento. Se ao menos não se metesse em política. Se ao menos tratasse dos dentes ou deixasse aquele mau hábito de...

Se ao menos.

Um chefe arrojado e com sucesso – em consideração pela sua modéstia chamemos-lhe Andrew – ajudou a conceber uma empresa especialmente bem sucedida, pois era perito em confrontar os outros com o *"Se ao menos"*. Uma vez por ano, e alguns anos com mais frequência, contratava outra "Futura Estrela" que escolhia entre centenas de candidatos fantásticos. Sendo apenas seres humanos, todos os concorrentes eram vítimas de um *"Se ao menos"*. Felizmente, estes rapazes e raparigas talentosos tinham mais qualquer coisa.

Tinham o Andrew.

O Andrew combinava uma coragem pessoal com a convicção de que o seu papel era assegurar que as "Futuras Estrelas" se tornariam "Estrelas", com ou sem a sua empresa. Antes de o *"Se ao menos"* se tornar limitador de carreiras, Andrew chamava a "Estrela" ao seu gabinete.

Você está destinado a fazer coisas importantes, mas tem de trabalhar nesse sentido, ter-lhes-ia ele dito. Esta reunião ficou conhecida como a "Visita Anual".

O Andrew é especial. É um daqueles homens raros que conseguem responder à inevitável pergunta que as mulheres fazem: "Este vestido faz-me gorda?", com uma resposta honesta, bem recebida e útil.

Todos precisam de um Andrew.

> Descubra o seu Andrew.

PROCURE UM COMPORTAMENTO EXIGENTE

É reconfortante ouvir alguém dizer que estamos no bom caminho. Contudo, isso não ajuda ninguém.

"Não adora os efeitos que se consegue criar com o PowerPoint?", pergunta a uma colega. Alguma vez ela irá responder "Não"?

Nunca. É a natureza humana.

É tentador pedir que lhe façam um elogio, mas é preferível pedir que lhe façam uma crítica. No entanto, só a receberá se a souber pedir. Felizmente, a experiência dos profissionais de *marketing* pode ajudá-lo.

(32) Você, L.da

Os profissionais de *marketing* depararam-se com o mesmo problema. Independentemente do que puder pensar, e apesar da quantidade de vezes que fica frustrado com o serviço que lhe prestam, quase nunca se queixa à empresa. O resultado é que, na prática, todas as pessoas em todas as empresas julgam que prestam bons serviços, tal como você, porque não ouvem muitas reclamações.

As reclamações não aparecem voluntariamente.

Não receberá essa "crítica construtiva" se, por exemplo, perguntar a alguém, como acontece frequentemente com inquéritos que se fazem às empresas, "O que é que estamos a fazer de errado?"

Esta pergunta resulta numa crítica dura. Como a maior parte de nós detesta ser criticada, e sofre com isso, evitamos responder.

No entanto, os seres humanos estão sempre prontos a dar conselhos; muitos dão-nos sem que lhos peçam e a maioria sente-se elogiada quando lhos pedem. Mas o que fazer para que lhe dêem um conselho?

Não pergunte "O que é que estou a fazer mal?"

Pergunte: "O que posso fazer para me tornar ainda mais eficaz?"

Uma variante consiste em colocar a sua pergunta da seguinte forma: "Acho que isto pode funcionar, mas valorizo a sua opinião. O que é que pode funcionar ainda melhor?"

Para conseguir a ajuda certa, faça a pergunta certa.

CULTIVAR UMA IMAGEM

Num anúncio famoso, o tenista Andre Agassi deixou um conselho "A imagem é tudo".

Nesse ano, um potencial cliente pediu-nos que o ajudássemos a criar uma imagem. Colocámos-lhe uma pergunta de posicionamento: "O que é o que torna único no seu negócio?"

Ele respondeu: "A classe, eu tenho classe".

A resposta soou auto-aniquilante. Alguém "com classe" diria uma coisa dessas?

Queria que o ajudássemos a criar uma imagem.

Impossível.

Aquele que existe por baixo da camada de verniz acabará por vir ao de cima; isto se não vier logo. Assim que isso acontecer, os outros irão deixar de o reconhecer pela imagem que criou ou pela sua importância. Irão reconhecê-lo como alguém que tenta enganá-los.

Já foi tentado várias vezes.

Curiosamente, Agassi apercebeu-se da insensatez das suas palavras. Passados uns anos rapou o cabelo, deixou de usar roupas Day-Glo* e optou por um casamento com uma mulher cujo rosto desmaquilhado e maneira de ser sugeriam alguém para quem a imagem não tinha importância, Steffi Graf. De repente, Agassi passou a dedicar-se à solidariedade e à humildade, com se estivesse tão aberto ao mundo como a sua careca.

O nosso potencial cliente passou por uma transformação semelhante? Parece que sim. Passados dois anos, encontrámo-nos por acaso num ginásio. A sua camada de verniz parecia ter desaparecido. De repente estávamos a ouvi-lo a ele e não palavras bonitas escolhidas para impressionar. Parecia ter descoberto a humildade. Mas já tinha 45 anos; esperou um pouco de mais e o seu percurso profissional sem sucesso estava era um dos elevados preços que teve de pagar.

> Projecte-se.

DECIDEM, DEPOIS PENSAM

É raro as pessoas tomarem decisões resultantes de uma longa ponderação. Podem levar semanas a anunciar a sua decisão, mas muitas vezes tomam-na em minutos, até em segundos. Não reúnem informação para tomar uma decisão; muitas vezes reúnem-na para *justificarem* a sua decisão. Não cultivam o desejo de compreender; procuram conforto e apoio.

A maior parte das decisões são tomadas e a seguir justificadas, e não o contrário.

Uma implicação óbvia: "As primeiras impressões são as que permanecem" reduz o caso propriamente dito. A primeira impressão, com uma frequência impressionante, é também a decisão final.

> A primeira coisa a planear é a primeira impressão.

---

* **N. T.** Roupas fluorescentes.

(34)   Você, L.da

COMPRAM-NO COM OS OLHOS

Nas vendas e no *marketing*, estamos constantemente a apercebermo-nos de uma influência importante: *O efeito visual sobrepõe-se ao efeito verbal*. Quando expressamos esta constatação aos clientes, muitas vezes utilizamos as expressões: "As pessoas pensam com os olhos" e "As pessoas ouvem o que vêem".

Um exemplo concreto: uma apresentação de um anúncio a um grupo de pequenos empresários. O anúncio enfatizava três vezes o ponto de diferença desse banco: o banco tinha a informação de que as pessoas precisavam para tomarem melhores decisões financeiras. Para ilustrar como é que a informação é utilizada para se tomar boas decisões, o anúncio mostrava um alpinista do Evereste a preparar-se – a estudar mapas e gráficos meteorológicos – antes de iniciar a escalada. Mas os espectadores não ouviram absolutamente nenhuma das palavras "da informação", embora fossem repetidas três vezes em 30 segundos.

Quando perguntámos o que dizia o anúncio, os espectadores responderam: "Era sobre força. O banco está a comunicar que é forte".

Os criadores do anúncio ficaram estupefactos. Não tencionavam comunicar o conceito "forte".

Não estavam conscientes de que o podiam ter feito.

Onde é que os espectadores foram buscar essa ideia? A uma imagem que passou no ecrã durante menos de quatro segundos: a imagem de um homem a escalar uma montanha rochosa.

Uma imagem, três segundos: o efeito visual sobrepõe-se ao efeito verbal.

Pensamos com os olhos.

Tenha cuidado com o seu efeito visual.

A SUA EMBALAGEM

Muitos achavam as suas ideias insolentes.

O homem era John Molloy e as suas ideias foram expressas num livro cujo título passou a fazer parte do vocabulário norte-americano: *Dress for Success**.

---

* **N. T.** "*Vista-se para o Sucesso*".

Muitos só de pensar nisso ficam revoltados. Vestir-se para o sucesso soava-lhes a manipulação – ideias do tipo das de Michael Korda, que aconselhou executivos a certificarem-se de que as suas cadeiras eram maiores do que as outras, para parecerem superiores.

Mas Molloy não estava a aconselhar manipulação, o seu conselho estava ao nível do conselho que os pássaros dão a outros pássaros, cuja aparência muitas vezes os torna alvo dos ataques de outros pássaros. Uma plumagem estranha surte muitas vezes esse efeito – nos pássaros e nas pessoas.

Molloy não estava a aconselhar esperteza a manipulação. Estava a reflectir na sua convicção de que o sucesso na vida, tal como as atitudes simples, começa pelo cuidado com os outros e pelo impacto que causamos neles. Molloy não estava a aconselhar que se usassem relógios de ouro maciço para que os outros pensassem que eram ricos. A maior parte das vezes aconselhava o oposto: atenue, não exagere.

Muitos que têm conhecimento disto continuam a revoltar-se com a ideia de se vestirem cuidadosamente. "Quero ser eu próprio" ou "Visto-me como me apetece" e, muitas vezes, "Não quero lidar com aqueles que se deixam influenciar por coisas como a roupa e a aparência".

Analise estas palavras. O que é que querem dizer? Você vem primeiro. Quer trabalhar com essa pessoa? Gostaria de a ter como colaborador, fornecedor de serviços ou amigo?

Naquela altura os EUA estavam a entrar na Era do Narcisismo, como lhe chamou um intelectual. O *slogan* "Estar atento ao número um" foi autocolante de automóveis e estampado em *T-shirts*. Naquele meio, era fácil ridicularizar Molloy apontando-o como outro defensor da concentração em si próprio e do culto de si mesmo. Mas Molloy não estava a sugerir que se olhasse para dentro. Estava a dizer para se olhar *para fora*.

Qual é o seu impacto nos outros? Está a sabotar-se sem saber? Está a perder a batalha antes de ter começado o tiroteio?

Molloy estava essencialmente a falar do espírito das boas maneiras. Estava a dizer "Seja atencioso".

> Ser atencioso começa no momento em que abre o seu roupeiro.

EFEITOS VISUAIS E ESTEREÓTIPOS

A maior parte dos fãs de cinema concorda que o final de *Os Suspeitos do Costume* é um dos melhores finais da história do cinema.

À semelhança de tantos finais notáveis, este surpreende-o.

O final depende de um exemplo clássico de manipulação de informação. O arquitecto responsável por este truque – um truque tanto para o polícia inquiridor como para o espectador – é o actor Kevin Spacey. Spacey faz o papel de um aleijado ingénuo. Esteve implicado num roubo, numa explosão e em múltiplos assassínios que envolveram quatro mafiosos – homens confiantes, fortes e espertos, muito diferentes de Spacey, o "patinho feio" deste quinteto.

Próximo do final do filme, Spacey, aparentemente devido à sua inteligência limitada e a uma equipa de inquiridores inteligentes, revela estupidamente os pormenores do crime.

Spacey revela que um tal de Keyser Söze é que engendrou o crime. Spacey entra em pormenores minuciosos, ao ponto de mencionar ter ido a um concerto de um Quarteto em Skokie, Estado do Illinois. Após ouvir estes pormenores meticulosos, o inquiridor oferece-se para o proteger de Söze que ameaça perseguir Spacey se este voltar a contar a história em tribunal. Spacey recusa, insiste que não é um traidor, sai da sala a coxear e vai para a rua.

O inquiridor, cujo papel é representado por Chazz Palminteri, reflecte sobre a história que ele revelou.

E a seguir *ela* revela-se.

Palminteri examina atentamente o painel que está na parede por trás da sua cadeira, para o qual Spacey estivera a olhar enquanto estiveram a conversar. Repara na palavra "Quarteto", o nome do fabricante do painel, na parte inferior da moldura do quadro. Palminteri olha mais para baixo e repara em mais duas palavras mesmo por baixo.

"Skokie, Illinois".

Apressadamente, Palminteri lê mais uma dúzia de palavras no painel e percebe que Spacey inventou toda a história a partir daquelas palavras. Spacey enganara-o.

A câmara desloca-se para o exterior e faz um plano aproximado de Spacey a coxear, cujo andar é rapidamente substituído por um andar confiante. Spacey entra num carro de fuga e foge.

O espectador e o inquiridor convencem-se de que Spacey é um mero joguete deste esquema elaborado, não só devido à sua atitude, mas também devido ao poder de uma imagem forte: o andar pronunciadamente coxo de Spacey. Julgamos que Spacey é uma pessoa intelectual e emocionalmente fraca, pois é fisicamente incapacitado. Caímos tão facilmente nesse este-reótipo, que não nos apercebemos do que aconteceu, nem nos questiona-mos acerca dos nossos estereótipos relativamente a pessoas incapacita-das: a convicção de que uma incapacidade põe outras em evidência.

Claro que o contrário também é verdade, razão pela qual escolhemos pistas visuais – fatos formais, pastas formais – que nos conferem um ar competente. Tal como nos sugere *Os Suspeitos do Costume*, as pistas visuais resultam. Conseguem inclusivamente convencer um detective experiente de que um homem inteligente é mentalmente débil.

> Observe as suas pistas visuais de forma a accionar os estereótipos certos.

EQUIPE-SE CONTRA O SEU ESTEREÓTIPO

O primeiro obstáculo que deve ultrapassar não é a sua concorrência; é o estereótipo que os de fora criam sobre si.

Antes de se apresentar, seja qual for o seu objectivo, coloque a si pró-prio no dia anterior a pergunta: "O que é que sabem sobre mim?"

"Quais serão as impressões que já formaram acerca do pouco que sabem de mim?"

A seguir pergunte: "A minha aparência terá reforçado o estereótipo que têm sobre mim?"

Se isso acontecer, equipe-se de forma a desconstruir o estereótipo. Um artista com um fato de um bom corte, um presidente dos EUA com uma camisola de lã (houve um que tentou usar uma), um engenheiro com uma ta-tuagem; não são necessariamente as melhores respostas para uma situação específica, mas são exemplos de maneiras de combater um estereótipo.

Um director criativo muito bem sucedido tinha êxito não apenas por ter tido boas ideias para os seus clientes, mas porque era o melhor a apre-sentá-las. Passados vários meses, reparámos num truque que utilizou e que confessou parecer ter funcionado.

"Se a nossa campanha parecer conservadora, visto-me de uma forma mais criativa, para dar a sensação que podemos ir até ao limite, mas que optámos deliberadamente por não o fazer". Seguiu o efeito oposto quan-do o seu grupo desenvolveu uma estratégia arriscada: vestiu o seu fato mais escuro, sapatos pretos de atacadores e a gravata que poria para ir ao banco pedir um empréstimo.

(38) Você, L.ᵈᵃ

Uma vantagem que muitos profissionais conseguiram com as *Casual Fridays**, e que se foi estendendo ao longo da semana de trabalho, foi o facto de muitos novos clientes começarem a aperceber-se de que estes profissionais eram mais descontraídos e acessíveis.

Contudo, outra empresa profissional, uma agência de publicidade, desenvolveu uma estratégia diferente. Só se vestiam bem à sexta-feira. "Aqui não somos nada descontraídos", disseram eles. "Só nos vestimos dessa forma de segunda a quinta-feira pela mesma razão que o fazem os trabalhadores da construção civil. Trabalhamos no duro".

> Para vencer um estereótipo, vista-se num estilo oposto.

INVISTA EM SI

Se perguntar a um consultor de pequenas empresas "Qual é o maior erro cometido pelos pequenos negócios?", conseguirá uma resposta valiosa.

Na lista dos três maiores defeitos, e muitas vezes no topo da lista, encontra-se um que é assustador:

"Não investiram o suficiente".

Por isso, a sua execução parecia incompleta. Pareciam hesitantes, como se a sua ideia tivesse lacunas e achassem que não a deviam apoiar financeiramente.

Tal como os negócios de muitos, esta lição aplica-se com a mesma importância ao "Negócio de Um". Considere este exemplo de Christine:

Em 1997, a Shering Oncology/Biotech adquiriu mais de 50 mil cópias do nosso vídeo de exercícios do Clube do Cancro, destinado a mulheres a recuperar do cancro da mama. Devido ao sucesso deste vídeo, percebemos que a Bristol-Myers Squibb representava outra grande esperança. Mantiveram Lance Armstrong na qualidade de porta-voz da empresa e eu já falara em vários eventos patrocinados pela Bristol.

Contactei o representante local de vendas da Bristol, que por sua vez me aconselhou ao seu director distrital. Três semanas depois, grandes notícias: o director distrital estava intrigado com a nossa oferta e enviou a informação para a Corporate.

---

* **N. T.** Algumas empresas instituíram as sextas-feiras como dias em que os seus colaboradores se poderiam vestir de forma mais descontraída.

2 | Do beijo na China a *Graceland*: planear e preparar (39)

Rebecca, da Corporate, também ficou espantada. Tão espantada, que ligou a dizer: "Venha a Nova Jérsia, quero que se reúna com o departamento de *marketing*. Acho que devíamos fazer negócio".

Aquilo soou a "Você ganhou a *Powerball**".

Dez dias depois, aterrei no aeroporto de Newark. Sendo poupada e sabendo que as despesas da viagem estavam totalmente por minha conta, decidi alugar um carro.

Começaram então os problemas.

As minhas malas estavam tão pesadas com produtos do Clube do Câncro, que levei o que me pareceu uma eternidade para as retirar do tapete das malas e colocá-las no carrinho. Como eram muito grandes, não as pude levar na escada rolante até às instalações de aluguer de automóveis. Tive de apanhar o elevador.

Infelizmente, só havia um elevador para as instalações de aluguer de automóveis e estava avariado. Acabei por ter de carregar as malas pelas escadas acima e...

Espere. Está a ver o filme – excepto a parte em que eu estava tão ansiosa quando pus finalmente tudo dentro do meu carro, que saí do aeroporto e durante 15 minutos conduzi na direcção oposta a Princeton.

Quando cheguei às instalações da Bristol, parecia ter acabado de correr dez quilómetros. Finalmente, até que olhei para os quatro edifícios grandes à minha frente. Qual era o de Rebecca? Não vinha no meu mapa.

Dirigi-me ao Edifício Um. Quando lá cheguei, a recepcionista disse-me que o que pretendia era o Edifício Quatro.

Liguei a Rebecca para lhe expor o meu problema. Atendeu-me o *voice mail*.

Quando cheguei finalmente ao Edifício Quatro, a recepcionista passou-me o telefone. Era a Rebecca. Como nunca mais aparecia, ela e a sua equipa de *marketing* tinham ido almoçar e esperaram até não poderem esperar mais; tinham outras reuniões.

Fim da oportunidade. Ninguém arrisca trabalhar com alguém que chega 75 minutos atrasado a uma reunião. Se tivesse reservado um serviço de carro e motorista, este ter-me-ia deixado em Princeton dez minutos antes da reunião. Em vez disso, optei por poupar 115 dólares e perdi uma oportunidade de 125 mil dólares com este procedimento.

---

* **N. T.** Lotaria norte-americana.

(40) Você, L.^{da}

Tem de investir. Os investimentos que faz, tanto em termos de tempo como de dinheiro, demonstram a confiança que deposita no que está a oferecer. Os preços que paga por um prémio de seguro são literalmente isso: prémios de seguro. São o seguro do seu sucesso.

Uma vez ignorei isto. Nunca mais o fiz.

> Pague mais agora e usufrua mais tarde.

TRUQUES E ATALHOS

Não existem.

PENSE DE FORMA DIFERENTE DA HABITUAL

"Tem de pensar de forma diferente da habitual".

Não, não tem.

É um lirismo que se ouve a toda a hora, em qualquer parte do mundo. Mas a mensagem não funciona.

Eis porquê e o que deve fazer.

A sua maneira de pensar, trabalhar e viver funcionou para si. É como nasceu, um produto do ADN com o qual foi codificado. Pode alterar a sua forma habitual de pensar com a mesma facilidade com que pode alterar a forma da sua cabeça.

É metódico ou caprichoso; é lateral ou linear; tem tendência para interiorizar ou exteriorizar. Mas desde que nasceu que é quem é. Uma bela e boa forma. O mais importante é que ela é sua – a forma como sempre funcionou.

Não tente pensar de forma diferente da habitual; é demasiado difícil. Amplie-a.

Como inspiração e exemplo, pense na história do cantor Paul Simon.

Simon escreveu algumas das canções clássicas do século passado, incluindo um álbum que se tornou a música de fundo de uma geração: *Bookends*. Milhões de pessoas compraram-no e outros tantos milhões ouviram as suas músicas como a banda sonora do filme que se tornou um clássico, *The Graduate – A Primeira Noite*.

Simon prosperou dentro da sua forma de ser e pensar. Estava cheia da cultura norte-americana dos anos rebeldes da década de 1960, dividida entre a caça às "Barbies" na praia, por um lado, e a contestação contra a Guerra do Vietname, por outro.

Simon prosperou dentro da sua forma de ser e pensar – e a seguir deixou de o fazer. Ficou por ali e a forma que o ajudou a produzir clássicos começou a produzir coisas sem valor como "Kodachrome". ("Devia ser preso por causa dessa canção", disse uma vez um fã de Simon ainda a recuperar.) A forma de Simon fechou-o lá dentro.

Simon encontrou uma solução, mas não alterou a sua maneira de pensar. Alterou a sua forma habitual, enchendo-a de coisas novas. Para as descobrir, aventurou-se num mundo distante; viajou para África. Ali, a sua forma de ser e pensar alterou-se, devido ao que ele sentia e via. Tal como escreveu numa canção, viu "anjos na arquitectura, rodopiando no infinito".

África e as suas imagens e sons surpreenderam, comoveram e impressionaram Simon. Com a cabeça a rodopiar com estas novas influências, e inspirado pelo grupo africano Ladysmith Black Mambazo, escreveu "You Can Call Me Al" e uma das criações musicais verdadeiramente diferentes da forma habitual, o álbum *Graceland*.

Simon não pensou de forma diferente da habitual; poucos o conseguem fazer. Simon ampliou a sua forma habitual de ser e pensar. Meteu lá dentro coisas novas, estudou culturas diferentes e ouviu mais música africana do que a sua.

Por isso, transformou-se e prosperou.

Para se tornar mais criativo – o que é sempre uma boa ideia – não tente pensar de forma diferente da habitual. Amplie-a. Leve coisas novas lá para dentro.

Se ler a *Vanity Fair*, leia a *In-Fisherman*. Se ler a *Tattoo*, compre uma *Architectural Digest*. Se ler a *People*, dê uma vista de olhos à *New Yorker*. Se costuma ir ao teatro, vá a uma corrida NASCAR (quanto mais não seja, devido ao seu enorme apelo). Se nunca pensou ir ao *ballet*, ouvir *bluegrass* ou ir a uma feira regional, faça-o.

Brinque com a sua forma de ser e pensar. Compre um casaco desportivo cor de laranja e um par de sapatos de camurça vermelha; repare no que muda.

> Amplie a sua forma habitual de ser e pensar.

AS RECOMPENSAS IGNORADAS DA EDUCAÇÃO

Qualquer um que observe alunos no início e no final do ensino secundário fica com uma percepção do que é a educação: nós aprendemos para nos prepararmos para as nossas carreiras.

Salvo algumas excepções, este ponto de vista insere-se na perspectiva de que as aulas têm de ser "relevantes" e que, se nos estamos a preparar para seguir uma carreira no mundo dos negócios, devemos especializar--nos. Se isto falhar, devemos tirar cursos "práticos".

Mas observamos de uma forma muito limitada e enganamo-nos com uma das suas recompensas.

Para ilustrar esta miopia, pense no aluno do último ano do ensino secundário que decide especializar-se em Gestão. «Para quê estudar História Norte-Americana, Engenharia Civil ou Agronomia?», pode perguntar ele, com uma certa lógica.

Opta por não estudar nenhum destes assuntos. A seguir, aventura-se no Mundo Real. Em apenas 12 meses conhece um fã de História Norte-Americana (o Sul, graças à Guerra Civil Norte-Americana, tem uma grande abundância deles), um engenheiro civil e um responsável pela manutenção de um campo de golfe local.

Como é que o rapaz vai lidar com estas três pessoas? Encontrando um terreno comum. Se tiver nem que seja só um pouco de conhecimentos – se se lembrar da batalha de Antietam ou do erro cometido por Lee na batalha de Gettysburg, do papel do óxido nitroso na poluição do ar de Atlanta, ou se souber por que é que os campos de relva se encontram entre os menos saudáveis – pode iniciar uma conversa e impressionar.

Se apenas souber falar sobre a esfera limitada na qual funciona, continuará a ficar confinado a essa esfera.

A educação faz mais do que preparar-nos para carreiras e expandir a nossa mentalidade. Alarga o nosso mundo – o número de pessoas com quem podemos interagir. Como a aprendizagem cobre um terreno tão vasto, ajuda-nos a descobrir mais terreno comum àqueles que encontramos.

Quanto mais aprender, maior será o número de pessoas às quais se pode associar. Toda a aprendizagem é importante, toda a aprendizagem é prática, toda a aprendizagem nos ajuda a crescer.

> Continue a ler, continue a ouvir, continue a aprender.

LEVAR ESTE LIVRO A SANTIAGO

A dez mil quilómetros a sul de Los Angeles, num local mais próximo do Pólo Sul do que da América do Norte, depara-se com a bonita capital chilena, a cidade de Santiago.

Um visitante curioso, com vontade de saber em que é que esta cidade é diferente das do seu país, pode aventurar-se a ir ao maior centro comercial e aprender uma lição extraordinária.

Ele *está* em casa. Cá está: Revlon, Tommy Hilfiger, L'Oréal, Orange Julius. Onde estão os produtos chilenos? Onde está o Arbercrombie & Fitch da América do Sul? Em lado nenhum.

Os viajantes de hoje passam por experiências estranhas. Podem visitar uma dezena de países sem saírem do mesmo centro comercial.

Aventure-se na Cidade Proibida de Pequim, venerada há séculos pelos chineses, e acabará por dobrar uma esquina e sentir-se a sufocar. Mesmo no centro da sua praça sagrada, encontra-se um monumento:

O café Starbucks.

Encontrará de certeza diferenças entre as culturas. O islamismo continua a influenciar até as mulheres e os homens muçulmanos mais ocidentalizados na Índia. Jante com alguns que conduzam automóveis alemães e que vistam fatos italianos e reparará na influência: nenhum deles pede carne ou álcool. Mas folheie um exemplar do jornal *The Hindustan* e sentir-se-á em casa. As notícias principais dominam não só a primeira página, como também as secções de Negócios, Moda, Espectáculos e Desporto. As notícias são sobre o "Grande Jogo". (Trata-se de críquete, Índia contra o Paquistão).

Desporto nas secções de Moda e Espectáculos? Claro! O que é que as pessoas vestem quando vão assistir a um jogo? Mais importante ainda, quem é que a elite indiana e os actores e as actrizes principais acham que vai ganhar? Quem é que consideram o jogador mais *sexy* de cada uma das equipas? Para mostrar como a Índia pode parecer "americana", os locais inventaram uma abreviatura para o seu mundo de filmes e para a zona de Bombaim onde são rodados a maior parte dos filmes indianos:

Chamam-lhe Bollywood.

Para onde quer que viajemos, todos nos parecemos muito uns com os outros. No *Human Universals*, Donald Brown fez uma lista das características humanas que descobriu em todas as culturas. A sua lista encheu 44 páginas e continha mais de 259 características comuns, incluindo cantar, dançar, dizer piadas, recato sexual, ressentimento, etiqueta, uma preferência por caras com características "normais" e até o medo de cobras.

Este livro aplica-se a qualquer sítio para onde vá? Sim.

(44)   Você, L.ᵈᵃ

Mas esteja atento às diferenças locais. Quando cumprimenta uma mulher no Chile, por exemplo, deverá dar-lhe imediatamente um beijo em cada face. De outro modo, arrisca-se a ofendê-la. No entanto, se tentar fazer isto na China, vai dar por si a beijar o ar e a seguir a chegar--se atrás, para reparar no rosto surpreendido de uma mulher. A sua cara revela-lhe que não fazia ideia das suas intenções e suplica-lhe que não tente voltar a fazê-lo.

Mas, enquanto os gestos e as *nuances* mudam, os desejos e as exigências são universais. Queremos ser apreciados e respeitados, e retribuímos quando o somos.

> Aplique estas lições em todo o lado.

(3)
Motas, maçãs e roupa interior do escritor: comunicar

Neste capítulo irá aprender:

- como comunicar eficazmente
- a melhor forma de se apresentar aos outros
- truques para contar boas histórias com que os seus clientes se identifiquem

(46) Você, L.ᵈᵃ

COMO FAZER A MUDANÇA

Durante milhares de anos, as pessoas geriram a vida e os negócios "face a face".

Esta expressão "face a face" é determinante. Já lidámos com outros, não só a nível pessoal mas também em pessoa; trabalhámos em escritórios onde nos víamos a toda a hora e nos encontrávamos no mínimo uma vez por semana. A nível externo, os clientes estavam a uma distância que se podia percorrer a pé ou de carro e usámos aviões para visitar os que estavam mais distantes. Fizemos inclusivamente negócios à distância, pelo telefone, onde era importante a nossa presença: uma voz autoritária, por definição, transmite autoridade e reforça-a.

A presença física tinha uma grande importância. O poder de transmitir uma imagem visual forte tinha tanta importância que um estudo revelou que todos os centímetros da altura de um homem tinham quase tanto valor como um milhar de dólares de um ano de salários.

A presença física ainda continua a ter importância, mas alguma coisa mudou.

Hoje em dia, os *e-mails*, os aviões e a globalização provocaram uma alteração. Cada vez mais as nossas comunicações são escritas, enviadas a uma distância de centenas de quilómetros. Como consequência, a voz autoritária escrita começou a substituir a importância da presença da autoridade física.

Pergunte a directores de recursos humanos e a executivos das empresas mais importantes o que é mais relevante no mundo dos negócios de hoje. Responder-lhe-ão: "A capacidade de comunicação".

Uma reunião "face a face" permitia-nos agir e interagir, perguntar e responder. No fim da reunião, as partes alcançavam qualquer coisa próxima da objectividade. Com os *e-mails*, a objectividade tornou-se mais importante, tal como o tempo se tornou mais valioso – mais que não seja porque as equipas são mais pequenas.

A ambiguidade é cara; obriga-nos a recuar e a avançar, frequentemente várias vezes, para esclarecermos o nosso objectivo e darmos o passo seguinte. Como resultado, um comunicador que é ambíguo representa uma despesa.

Cada vez mais, o poder resulta das palavras do comunicador e as palavras mais fortes são as que são proferidas de uma forma sucinta e expressiva. Os que conseguem exprimir-se em palavras que não podem ser mal entendidas têm mais poder e mais valor.

E assim conseguimos vislumbrar uma mudança perceptível em relação ao "Poder da Gravata" e na "Importância de um Pequeno-Almoço". Não há dúvida que é um sinal de mudança o facto de parecer que esses termos desapareceram. Vivemos cada vez mais na era do "Poder da Nota", do "Poder do Memorando" e do "Poder da Proposta".

> O futuro pertence aos comunicadores.

VENDER AOS CONFUSOS

Está a tentar vender-se a pessoas que se sentem confusas.

Para entender isto, tente comprar uma pasta de dentes, por exemplo. Se decidiu que quer usar uma pasta diferente da que estava a usar, como pensa substitui-la? Numa loja para esse efeito, depara-se com prateleiras com mais de 60 opções, incluindo pastas com branqueador, controlador de tártaro, refrescante do hálito, bicarbonato de sódio, bisnagas e bombas, de mais de uma dúzia de marcas diferentes. Nos países em vias de desenvolvimento, investigadores descobriram que este mero número de produtos se encontra entre as primeiras cinco maiores preocupações das pessoas.

Sentimo-nos confusos. O nosso leitor de DVD tem mais funções do que as que conseguimos aprender. Quando alguma coisa corre mal, muito pouca gente sabe o que fazer.

Estamos confusos. Todos aqueles com quem lida estão confusos. Seja o que for que queira comunicar-lhes, deve aprender a fazê-lo de uma forma simples.

> Simplifique e esclareça.

A PRIMEIRA *VERDADEIRA* REGRA PARA COMUNICAR

Um documento importante do governo custou uma vez ao país mais de cem milhões de dólares, porque o seu autor utilizou um ponto e vírgula em vez de uma vírgula.

Esse documento parecia suficientemente claro para o autor – como toda a nossa comunicação. Nenhum de nós enviaria um documento se o achasse pouco claro. Contudo, todos os dias recebemos documentos destes.

(48) Você, L.^{da}

Quando comunicamos, achamos que a primeira regra a cumprir é: "Comunique de forma a ser compreendido". Mas não é.

A primeira regra é: *Comunique de forma a não poder ser mal interpretado.*

Ao analisar relações empresariais extraordinárias, rapidamente perceberá que a clareza ocupa um lugar de destaque na lista – entre as oito ou nove influências-chave mais importantes.

A clareza inspira confiança. Preocupamo-nos com o oposto: receamos que aqueles que não compreendemos possam estar a esconder alguma coisa. Desconfiamos que a confusão possa ser um ecrã esfumado, criado para nos manter afastados da verdade.

A clareza inspira crença. Pressupomos – tal como os jurados pressupõem quando ouvem testemunhas periciais – que uma pessoa que comunica claramente sabe do que está a falar. Com efeito, uma empresa de consultoria jurídica descobriu que as pessoas encaram a "clareza" como o sinal-chave de um verdadeiro perito – mais significativo ainda do que as conquistas e prémios profissionais de um perito reputado.

> Torne-se mais claro e os outros irão julgar que você é um perito.

SIMPLIFIQUE

Aquilo que mais queremos são certezas; encontramos formas de lidar com a certeza. Aquilo com que não conseguimos lidar é com o oposto. Há uma expressão popular que capta na perfeição este sentimento:

"Fiquei paralisado com a dúvida".

Você aborda alguém com uma proposta: quer um emprego, marcar uma entrevista, uma referência – seja o que for. Esquematiza a proposta ao pormenor, cobrindo todos os ângulos, expondo um caso confuso.

Era esse o problema. O seu caso *era* confuso. E o ouvinte sentiu-se confuso.

Foi demasiado longe.

Uma elaboração pormenorizada, ponto por ponto, pára tudo. Deu tantos pormenores, que o seu interlocutor se sente confuso. A sua proposta é complicada. Como não falamos e ouvimos na perfeição, os seus pormenores excessivos confundiram o seu interlocutor; algumas partes parecem ser contraditórias. E existem *tantas* opções.

(Em *marketing* chamamos-lhe paralisia de opções. O fenómeno surgiu mais explicitamente em testes em que os compradores podiam escolher entre três tipos diferentes de compota de morango. Optaram por uma. No entanto, quando lhes deram mais quatro escolhas opcionais, foram-se embora de mãos vazias.)

Simplifique. Edite constantemente a sua história.

Não pode dizer de menos em situações deste tipo. Em primeiro lugar, se avançar com um argumento forte, chamará a atenção do seu ouvinte, que lhe pedirá mais. As suas questões específicas dir-lhe-ão o que é que ele quer saber e irão poupá-lo ao desperdício do esforço de discutir mais qualquer coisa – e de confundir ainda mais o interlocutor.

Simplifique. A simplicidade dá-nos segurança e nós sabemos lidar com a segurança.

O QUE LHE DIZ A WAL-MART

Até há uns meses, as prateleiras de roupa das lojas Wal-Mart tinham menos dois centímetros do que a altura do Shaquille O'Neal*. Actualmente, têm apenas cerca de um metro e 30 centímetros.

Esta alteração da Wal-Mart demonstra que as pessoas querem uma coisa: espaço.

A antiga Wal-Mart confundia as pessoas com grandes quantidades e muitas prateleiras de mercadoria.

Hoje, os clientes conseguem ver todas as prateleiras e, na maior parte das lojas, conseguem tirar a mercadoria da prateleira sem muito esforço.

A Wal-Mart percebeu que menos é mais.

Os oradores sabem disto. Concentram-se não apenas nas palavras, mas no silêncio. Tal como na boa música, as pausas também têm importância; uma pausa dá a oportunidade ao ouvinte e ao músico de respirarem. Faz prever o que vem a seguir e apreciar o que veio antes.

Os publicitários sabem disto. Provavelmente os melhores anúncios dos nossos tempos, do iPod da Apple, não estão cheios de palavras, mas de espaços em branco. (Ou, para ser mais tecnicamente preciso, de espaços amarelo-esverdeados ou azuis, as cores dominantes na paleta de cores do iPod.) Uma silhueta preta de alguém a dançar, uma

---

* **N. T.** Famoso jogador de basquetebol norte-americano.

silhueta branca de um iPod no peito de um bailarino e três palavras: "A vida é aleatória".

Há umas décadas, Rudolph Flesch percebeu que os leitores não eram apenas atraídos pelas palavras, mas pelo espaço em que podiam respirar entre frases e parágrafos. Decidiu que as frases compridas deviam ser seguidas de frases curtas e os parágrafos grandes deviam ser seguidos de parágrafos curtos.

Siga o conselho de Flesch. Tente reduzir as suas frases a uma média de onze palavras. Se tiver de escrever um texto extenso, tente colocar um pequeno antes e outro pequeno a seguir.

Quando estiver a falar, treine as suas pausas. Ao abordar um ponto importante, preceda-o de uma pausa significativa, que alertará o seu ouvinte: "Isto é importante".

A seguir faça-o seguir de uma pausa, de modo a que o ponto que quer salientar "ganhe raízes".

> Tenha em atenção o seu espaço em branco. O silêncio fala.

A ROUPA INTERIOR DO ESCRITOR

Na escrita, alguns chamam-lhe "a roupa interior do escritor".

Para onde quer que olhe, ela agita-se na aragem.

Está lá quando um orador diz: "Vou ser recebido por Sua Santidade em Roma".

Ou quando o *designer* gráfico acrescenta ao logótipo uns floreados que parecem gritar: "Vejam como sou inteligente".

Ou quando alguém escolhe uma palavra erudita, quando uma palavra simples transmitiria melhor o que se pretende dizer.

Em cada um destes casos, o comunicador entendeu mal o que é que a palavra "comunicar" significa realmente. A palavra "comunicar" e a palavra "comuna"* partilham a mesma derivação. Ambas contêm um sentido de igualdade: a partilha entre pessoas.

Os três exemplos acima referidos não representam tentativas de partilhar qualquer coisa com outro para benefício comum. Cada um dos comunicadores está a tentar transmitir apenas uma impressão: sou uma pessoa dotada, talentosa e bem sucedida.

---

* **N. T.** No original, *Commune*. Traduziu-se para "comuna", no sentido de grupo de pessoas com um interesse comum.

Os denominados comunicadores acreditam piamente que estão a proceder da forma correcta. Basta ver como um concorrente quase se contorce para dizer nomes de clientes importantes, convencido de que as suas técnicas de vendas o estão a ajudar de forma brilhante, para vermos que o potencial cliente vê o mesmo que nós.

Ergue uma sobrancelha como que a sugerir: «E acha que me *deixo enganar*?».

Não funciona.

Independentemente de como o fizer, quando mostra a sua roupa interior de escritor fica nu. Expôs-se. Apenas transmitiu que está ansioso por impressionar e que não é especialista em disfarçá-lo.

Não tente exibir-se; desde crianças que conseguimos detectar isso a quilómetros de distância.

> Não fale para, fale com: comunique.

A MARCA CHAMADA VOCÊ

Um dos lemas da década passa por "vender" indivíduos da mesma maneira que se comercializa uma lata de gasosa.

Não é difícil detectar imediatamente um pequeno defeito neste raciocínio. Uma lata de Pepsi-Cola contém quatro ingredientes principais. Um ser humano contém, para começar, 46 cromossomas e tantas variantes que, enquanto as latas de Pepsi-Cola são todas iguais, não há duas pessoas no mundo inteiro com impressões digitais idênticas.

Experimentamos automóveis e latas de Cola de uma forma diferente da utilizada para "experimentar" pessoas. Isto revela que os princípios dos *marketers* são muito diferentes.

Ao conceber a "Marca Chamada Você", muitos acreditam poder criar uma história. Acreditam em magia ou que as marcas são um produto da inteligência e da desilusão. Talvez pensem em exemplos como o da Volkswagen e julguem que foi uma campanha inteligente que designou o Volkswagen "Carocha" como adorável e desejável, e pensem que é a prova da capacidade do *marketing* para enganar. Provavelmente fazem parte daqueles que pensam que os seus carros não passam de carros e qualquer misticismo criado à volta de um tem de ter sido criado artificialmente.

(52) Você, L.ᵈᵃ

Por isso, ou nos revoltamos com a ideia das marcas ou a aceitamos como uma ferramenta de desilusão necessária.

Contudo, as grandes marcas são autênticas. Resistiram, pois as pessoas perceberam que eram credíveis e acabaram por acreditar que aquelas marcas eram o que diziam ser; as grandes marcas têm integridade. O que elas dizem está *integrado* naquilo que fazem – as expressões integrado e integridade estão relacionadas.

Ninguém reage ao esforço que fazemos para sermos diferentes daquilo que somos. Reagem à pessoa boa e excelente que está sentada à sua frente na mesa, mas não reagem à pessoa má ou com defeitos.

Uma "Marca Chamada Você" sugere que você se pode manipular a si próprio, à semelhança do conto de Rumpelstitzchen, que transformava palha em ouro. Os mitos e o folclore estão cheios de exemplos falhados desta tentativa, das quais a mais inesquecível é a de *O Feiticeiro de Oz*.

O Feiticeiro tinha fama e poder; assustava leões, espantalhos e toda a terra de Oz. A sua tentativa de criar a marca do Feiticeiro foi bem sucedida durante algum tempo, até que alguém – e não era difícil de prever – reagiu ao Feiticeiro, como reagiu o menino de "O Rei Vai Nu".

> Crie uma marca autêntica; não existe outra.

IDEIAS PARA A SUA MARCA

Pense em duas das maiores marcas do mundo: a Nike e a Harley-Davidson.

Confrontado com o desafio da consagrada mas discutivelmente envelhecida empresa alemã Adidas, Phil Knight – um verdadeiro norte-americano – reuniu um grupo igualmente inteligente de rebeldes. Juntos criaram uma empresa como nunca existiu.

Desde o início que a Nike apreciou a sua diferença e declarou-o publicamente. (Um dos primeiros anúncios, inesquecível, mostrava vários colaboradores vestidos negligentemente, espalhados pelas cadeiras de um aeroporto, enquanto outro representava um indivíduo que parecia um refugiado do Merry Pranksters de Ken Kesey*, apresentando o título: "O nosso primeiro colaborador continua connosco. Pensamos nós.")

---

* **N. T.** Nome de um grupo psicadélico criado no início da década de 1960 na Califórnia, em torno do autor norte-americano Ken Kesey, cujos membros consumiam e promoviam intensamente o LSD e a marijuana.

A Nike manteve-se fiel aos seus princípios rebeldes. Fez anúncios com Charles Barkley, insistindo que ele não era, nem seria um modelo a seguir – uma sugestão arrojada. Fez anúncios com o jovem Tiger Woods a anunciar que estava preparado para o mundo. Mas, na qualidade de jogador de golfe negro, perguntava-nos: "E vocês, estão preparados para mim?"

A Harley nunca teve pretensões de ser mais do que uma Hog*, uma mota que dificilmente levantaria se a deixasse cair. A Harley nunca festejou a sua admissão nos Hell Angels**, mas também nunca se esquivou a essa relação.

Quando os japoneses invadiram os EUA com motas mais leves que voavam nas estradas e para fora dos *stands* de venda, a Harley manteve-se fiel à Harley. Manteve-se autêntica, orgulhosa do seu passado. E como a sua marca inspirava devoção, fez-nos ver que a devoção pelas marcas pode ter muita força – quando se é autêntico.

Num anúncio inesquecível a cores, que se estendia por duas páginas, a Harley exibia um ícone familiar. Era uma fotografia de um grande plano de um bíceps masculino, forte e bronzeado, enfeitado com uma tatuagem colorida: o logótipo da Harley. Por baixo da fotografia, o *copywriter* Ron Sackett compôs esta frase memorável:

"Qual foi a última vez que teve um sentimento assim tão forte por *alguma coisa*?"***

Como sapatos e motas, estabelecemos as nossas marcas no mundo. Só somos bem sucedidos se formos honestos connosco próprios.

Desenvolvemos sensores quase perfeitos que detectam coisas falsas e artificiais. Consegue enganar alguns durante algum tempo.

Mas acabam por perceber o engano – e quem os enganou.

Uma vida no *marketing* confirma a sabedoria "ser fiel a si mesmo". Em última análise, será mais confortável para si; não tem de pensar como quer que os outros o vejam. Ser autêntico é melhor também para si: ganha confiança e estímulo, as chaves para prolongar as relações.

Você tem uma marca. Certifique-se de que é honesta.

---

* **N. T.** Uma mota grande e pesada.

** **N. T.** Clube norte-americano de entusiastas de motas.

*** **N. T.** No original, *When was the last time you felt this passionately about anything?*

A SABEDORIA DA APPLE: PROCURE AS METÁFORAS

Num mundo complexo, descrever o que se faz ou o que se vende tornou-se também mais complicado. Por exemplo, peça a alguém para interpretar um plano pormenorizado de vantagens e os seus benefícios. Os olhos do seu interlocutor ficarão vidrados de perplexidade.

Quer tornar-se mais apelativo?

Imite a Apple.

Um dia, a Apple ofereceu vários produtos que eram úteis, e até poderosos, ao mundo dos negócios. Mas a empresa deparou-se com dois obstáculos.

Ao início, o mercado achava que os computadores Apple eram "computadores de casa" – mais brinquedos do que ferramentas profissionais sérias, mais para amadores do que para profissionais. Independentemente das funções, potência e memória que a Apple adicionava aos seus computadores, não conseguia responder à pergunta: "Que diferença faz um Apple no meu negócio?"

Os utilizadores profissionais estavam satisfeitos com os seus IBM e com os clones dos seus IBM.

Que diferença *podia* um Apple fazer?

A Apple encontrou a resposta numa metáfora perfeita.

A "Edição de Secretária."

Os potenciais clientes perceberam-no. Além disso, os potenciais clientes achavam que nenhuma outra empresa oferecia essa potencialidade, pois nenhuma a mencionava. Como os potenciais clientes achavam que a Apple estava intimamente associada a palavras e a gráficos, em oposição a números e a folhas de cálculo, a Apple parecia ser também a ferramenta ideal para a "Edição de Secretária", independentemente de os seus concorrentes puderem instalar "Soluções de Edição de Secretária".

E repare aqui num ponto subtil, mas importante: o facto de a Apple omitir a palavra "soluções". No final da década de 1980, "soluções" tornou-se a *buzz word* mais familiar nos negócios norte-americanos. Em meses, parecia que todas as empresas – incluindo as que ofereciam *sprays* de tinta e acessórios de jardim – tinham passado a oferecer esta "Nova Coisa" chamada "soluções".

O problema das "soluções" – facilmente negligenciado – é o facto de o termo implicar complexidade. Em primeiro lugar, é plural. "Não existe uma única resposta", diz-nos a palavra, "existem várias". Os potenciais clientes sabem que têm de ter em consideração uma variedade de produtos e de serviços para perceberem qual a combinação que funciona melhor.

A palavra "soluções" implica complexidade, quando aquilo que se quer é simplicidade.

A Apple não oferecia muitas coisas: oferecia uma metáfora simples e fantástica: "Edição de Secretária". (Repare no efeito: "Edição de Secretária" implica uma "solução" única e simples. "Soluções" sugere muitas.)

Qual é a metáfora que torna a sua mensagem mais realista?

IDEIAS PARA METÁFORAS

Um consultor de recursos humanos de sucesso refere-se a si próprio como "um médico interno de RH". Avalia os recursos humanos de uma empresa, identifica imediatamente a doença e receita tratamentos comprovados.

O NameLab sugere rápida e inteligentemente que uma empresa faça uma abordagem científica, e talvez uma abordagem mais comprovada, para desenvolver nomes de empresas.

Geoffrey Moore escolheu *Atravessando o Abismo** como a metáfora vívida para o seu livro, em que descreve o desafio que vai desde vender produtos complexos a técnicos, para quem nada é demasiado complexo, até vendê-los a pessoas como nós, que detestamos a complexidade e que usamos apenas dez por cento das funções dos nossos leitores de DVD.

(O próprio Geoffrey sugeriu um dia que uma metáfora vívida pode ser digna de 40 mil páginas de análise. As vendas do *O Abismo* parecem confirmar o seu ponto de vista.)

Pense nos *best-sellers* do há um ano: *The tipping point. Blink. O Mundo é Plano.*** Compare o poder dessas metáforas com títulos não metafóricos, que transmitem a mesma ideia: *Points of Accelerated Market Adoption, Immeddiate Judgments, A Truly Global World*.

Os títulos metafóricos sugerem que, apesar de o seu material ser idêntico, os livros são diferentes.

---

* **N. T.** No original, *Crossing the Chasm*.

** **N. T.** Os dois primeiros títulos foram editados em portugal pelas Publicações D. Quixote e o terceiro pea Actual Editora.

(56) Você, L.da

Entre as promessas que a sua metáfora pode oferecer, encontra-se a promessa de que a sua comunicação será mais clara, mais viva e mais envolvente – uma promessa que vale por si só, nesta época de confusão.

Para ter ideias, olhe à sua volta.

NÃO ME FAÇA RIR

Um amigo conta-lhe uma piada sem graça. Mas você ri-se.
É natural. Está a ser simpático.
Mas quando envia a alguém uma autopromoção inteligente, encorajado por alguns que sorriram quando se propôs fazê-lo, acontece algo diferente.
Envia uma embalagem a um potencial cliente. Coloca uma abelha de plástico lá dentro, por exemplo, e junta-lhe um bilhete: "Ouve o zunido?"
Telefona ao receptor. "Recebeu a minha pequena embalagem?" Ele responde que sim e acrescenta: "Muito engraçado". Acrescentando este pequeno comentário aos comentários idênticos dos seus amigos, chega à conclusão que a sua abelha é uma boa ideia, que tem mesmo de ser. Chama-se a isto um efeito de falso consenso: o facto de acharmos que os outros concordam connosco, quando não concordam.
Continua a insistir no artifício.
Mas o teor da sua mensagem é: "Experimente-me, sou inteligente". Muitos sentir-se-ão desconfortáveis com o que está implícito: que são pouco sofisticados, que se deixam enganar facilmente e até que poderão ser frívolos.
Um artifício também pode dar a entender que não tem nada importante para dizer e que por isso faz trocadilhos, jogos de palavras e truques.

Se está preocupado se "A minha ideia é profissional?", talvez não seja.

MOSTRAR AS SUAS REFERÊNCIAS

Trabalhou arduamente nas suas conquistas.

Tem motivo para estar orgulhoso e para achar que os outros também lhe dão valor por isso.

E dão – mas muito menos do que imagina.

Tenha novamente em conta o estudo acerca do efeito que as credenciais dos peritos têm sobre os jurados. Depositam mais confiança no perito com melhores referências – da melhor escola, com mais qualificação, com uma lista mais comprida de publicações respeitadas?

Não. Depositam confiança em quem comunica de forma mais clara.

Por quê complicar uma coisa com relativamente pouca importância?

Pior ainda, você pode passar por arrogante. Emite sons agressivos e afasta as pessoas.

Mas pense na pergunta: "O que fez por mim ultimamente?" As suas referências vêm do seu passado e para os outros podem revelar pouco sobre a sua capacidade para responder às suas necessidades.

> Tenha cuidado quando se elogia a si próprio.

NÃO SIGA ESTRATÉGIAS: CRIE-AS

Pense numa criança de 18 meses e ouça-a com atenção.

A nossa linguagem reflecte o que somos e como pensamos. Revela claramente como é que os outros reagem ao que dizemos – e a melhor maneira de o expressar.

Ouça crianças de 18 meses. Utilizam apenas algumas palavras e as suas palavras revelam aquilo de que gostam. Salvo raras excepções, os meninos, por exemplo, aprendem rapidamente o nome de mais de uma dúzia de automóveis. Antes de dizerem "flor", dizem camião, autocarro, taxi, bicicleta, carro, carrinha, tractor e mais meia dúzia de objectos com rodas.

Para onde quer que vá e independentemente do sexo da criança, há uma palavra que sai da boca das crianças numa idade surpreendentemente tenra.

É a palavra "história".

Ao início, pode ficar surpreendido por ouvir a palavra "história", pois não é uma palavra fácil para uma criança articular. Quando a criança começa a utilizar a palavra, as duas outras únicas palavras de várias sílabas que normalmente aprendeu são as duas escolhas óbvias: mamã e papá.

(58) Você, L.ᵈᵃ

Mamã, papá e a seguir história. (Pergunte a sul-americanos se os filhos deles também revelam esta preferência e eles acenarão que sim com a cabeça: *"Mamá, papá e cuento."*)

Porquê tão cedo? Porque as histórias são a maneira de entendermos o nosso mundo em todas as idades. A nossa vida é feita de histórias. O noticiário da noite, os espectáculos na televisão, filmes e peças de teatro: tudo são histórias. A música de que gostamos conta uma história por meio da sua letra ou evoca-a com as suas palavras.

As histórias dão-nos contexto e o contexto ajuda-nos a compreender, em qualquer idade.

As histórias exercem um poder especial pois podem ser rapidamente traduzidas em algo visual. Quando ouvimos uma história, também a visualizamos e a imagem visual fica gravada na nossa memória, muito tempo depois de as palavras desaparecerem.

Dizemos que, quando percebemos uma coisa, a "vemos"; as histórias criam imagens que visualizamos na nossa imaginação.

O que nos leva a perguntar:

Por que é que as pessoas, quando vendem, fazem uma lista dos seus sucessos em vez de contarem as suas histórias?

Por que é que há tantas empresas que perdem o seu tempo a dizer que são boas e tão pouco tempo a contar as suas histórias?

Um conselheiro da área financeira elabora para um potencial cliente uma lista da quantidade de serviços da sua empresa: seguro, gestão de riqueza, diversas anuidades, planos definidos de benefícios, fundos de invetimento, acções e títulos. Há este serviço e aquele, e um registo de crescimento e de sucessos.

Quando chega ao fim, qual é o raciocínio do potencial cliente?

"O que é uma anuidade variável?"

Ele pensa: "Não sei o que são estas coisas todas. Estou confuso, assustado e perturbado." Sabe que tem três crianças quase com idade de ir para a faculdade, X dólares investidos em poupanças, Y dólares investidos numa hipoteca e um rendimento actual de Z. Por isso a pergunta que ele lhe coloca é simples:

Como é que me pode ajudar?

Já alguma vez fez isso por alguém como eu?

Conte-me a sua história.

Conte histórias.

O QUE É "UMA BOA HISTÓRIA"?

Pense no Bambi, na Holly Golightly e em Holden Caulfield*. Por falar nisso, pense também no Cartman do *South Park*, no Snoopy de *Peanuts* ou no Homem-Aranha em todas as suas incarnações. Todas as boas histórias têm um herói e mais dois elementos-chave que deve incluir nas suas:

1. Um desafio sério.
2. O herói a lidar com o desafio e a aprender alguma coisa com isso.

É fácil perceber por que é que a maior parte das histórias das empresas falham. Analise esta história de uma brochura típica:

"Em 1955, começámos como Acme Tool & Die. Actualmente, somos uma empresa próspera, com escritórios em 13 países e mais de 1,5 mil milhões de dólares em receitas anuais. Estamos certificados pela ISO-9000** e somos regularmente mencionados como uma das 'Melhores Empresas Para Trabalhar' em todo o mundo".

De certa forma, é uma história impressionante. Mas há um problema: Não é uma boa história.

Tem o herói errado.

Se pretende que o seu potencial cliente se identifique com a sua história, tem de fazer como os grandes contadores de histórias: faça com que a pessoa se identifique com o seu herói.

Os seus potenciais clientes não se vão identificar consigo, com a sua empresa ou com os produtos da sua empresa por uma razão simples. Você não é, nem nunca poderá ser, o herói deles.

Pelo contrário, eles é que são os heróis deles próprios. As pessoas identificam-se consigo próprias; querem soluções para os seus problemas. Não estão interessadas em ajudá-lo a chegar aos 1,6 mil milhões de dólares de receitas anuais ou em abrir um escritório em Xangai,

Estão interessadas em melhorar de alguma maneira a sua vida.

A história ideal fala de um cliente, não fala da empresa. Coloca o interlocutor no papel do herói e cria uma tensão em volta de um desafio que o herói enfrentou: um problema de saúde, assuntos financeiros, um grande desejo não realizado. A boa história mostra como é que a pessoa ultrapassa esses desafios; tem um final feliz.

---

* **N. T.** Personagens de livros e filmes.

** **N. T.** Um conjunto de normas que formam um modelo de gestão da qualidade para organizações que podem, se desejarem, certificar os seus sistemas de gestão através de organismos de certificação.

(60) Você, L.da

As suas melhores histórias não são sobre si; são sobre *eles*. Conte histórias em que os seus clientes são os heróis e faça com que os seus potenciais clientes se identifiquem com eles.

Depois verá como os pode ajudar.

> Coloque a audiência, e não a si, no papel do herói.

O PRIMEIRO TRUQUE
PARA CONTAR UMA HISTÓRIA

"Questionei-me muitas vezes sobre o que estaria dentro de uma salsicha. Já sei e preferia não saber."

"Foi o melhor dos tempos, foi o pior dos tempos..."

"As famílias felizes são todas iguais; todas as famílias infelizes são infelizes à sua maneira".

Estas são as palavras fundamentais em três histórias diferentes mas admiravelmente contadas: "Block that Chickenfurter", uma coluna da revista *Life*, escrita pelo excelente escritor e professor de escrita criativa William Zinsser; *Um Conto de Duas Cidades*, de Charles Dickens; e *Anna Karenina*, de Leão Tolstoi.

Eles dão o mote.

Cada um dos motes leva-nos imediatamente para dentro de cada uma das histórias. Todos eles nos provocam com uma pergunta. E todos nos asseguram de que estamos em boas mãos: nas mãos de alguém que nos vai envolver até ao final da história.

A sua frase-chave, em qualquer apresentação, é a sua primeira frase. A sua primeira frase deve levar a que os seus ouvintes se interessem por ouvir a segunda; a sua segunda frase deve levá-los a interessarem-se por ouvir a terceira.

Dito de outra forma, as primeiras 15 palavras são tão importantes como as 1500 seguintes.

Como escreve essa frase, a mais importante? *Cuidadosamente*. Dê às audiências uma razão convincente para o ouvirem, mas sem lhes revelar o final. Muitas vezes, demasiadas, o orador revela o fim da sua história. Tal como acontece com o público de filmes, as audiências de apresentações perdem o interesse por uma história quando conhecem o final.

O SEGUNDO TRUQUE
PARA CONTAR UMA HISTÓRIA

Se gastar três horas a escrever a sua apresentação, gaste 30 minutos a escrever os seus motes.

Capte-os imediatamente; componha os seus motes.

O SEGUNDO TRUQUE
PARA CONTAR UMA HISTÓRIA

"Deixe-me contar-lhe uma boa história sobre certificados de garantia." Não, não faça isso.

Às nossas histórias de negócios, independentemente da maneira engenhosa como as contamos, falta-lhes invariavelmente os ingredientes das grandes histórias que prendem os leitores: vilões, traição e violência, sexo e romance. Alimentadas com grandes fantasias, as histórias com estes ingredientes envolvem as audiências, mais do que as histórias sobre anuidades variáveis, cateteres de angioplastia e consultoria de TI.

É mais difícil manter as suas audiências interessadas, pois sabem que lhes estão a vender alguma coisa e não a ser distraídos. De certa forma, já conhecem o final da sua história:

Você quer vender-lhes alguma coisa.

Mas isto não quer dizer que tem de abandonar os truques para contar uma boa história. Pelo contrário: *Significa que tem de os utilizar melhor.*

O que nos leva ao segundo truque de contar histórias: o "Mote Seguinte".

Você abre com um mote forte. A seguir revela alguns pormenores que mantêm o interlocutor interessado. Revela mais pormenores. Como uma peça de música, a sua história entra em decrescendo e a sua audiência vai atrás. Precisa de a revitalizar.

Precisa do "Mote Seguinte".

Tal como o seu mote prende a sua audiência e o "motiva" para a sua história, tem de estar constantemente a recuperar a sua atenção.

O "Mote Seguinte" é semelhante ao primeiro. Pense nele como se fosse um "infomercial" clássico, tão eficaz, que as pessoas acreditam: "Mas Espere, Há Mais!"

Alguns exemplos:

"Estavam à espera de conseguir cinco milhões de dólares no seu quinto ano. Fizeram sete milhões. Vão ver que a forma como o fizeram, é ainda mais intrigante..."

"Mas a melhor parte da história, foi o que aconteceu a seguir..."

(62) Você, L.^{da}

"Como se a cheia não tivesse sido suficientemente má, um raio voltou a atingi-los uma semana depois, da forma mais violenta: uma visita do IRS*..." (Dissemos que faltava sexo e violência às histórias de negócios, mas estão cheias de terror.)

O "Mote Seguinte" leva a sua audiência a levantar-se novamente e a perguntar: "E agora?"

Quando ensaiar apresentações para outras pessoas, pergunte-lhes "Onde é que acham que isto pode ser melhorado?" Insira aí um "Mote Seguinte".

Crie um "Mote Seguinte" – e, a seguir, pelo menos mais um.

TRABALHE A MENSAGEM

Você conhece o problema. Todos os dias o lê.

Recebe correspondência a promover qualquer coisa: um serviço de telemóvel, um restaurante novo, uma vitamina milagrosa.

Põe-na rapidamente de parte.

Mas talvez um dia entre no escritório de um consultor. A embalagem é modesta, mas a sua mensagem é convincente.

"Os nossos consultores saíram todos de uma das quatro maiores empresas da nossa indústria para se juntarem a nós e nenhum deles nos deixou. E durante esse período de tempo, todos os clientes se mantiveram fiéis."

Descubra a sua mensagem, simplifique-a e repita-a com frequência.

O TALENTO DOS ESCLARECEDORES

Os grandes comunicadores são editores competentes. Tal como o autor Elmore Leonard, cortam as partes que os leitores acabariam por saltar.

Os editores não têm pressa em editar e, como não têm pressa em editar, transmitem ao leitor: "Você é importante para mim."

---

* **N. T.** No original, *Internal Revenue Services.*

Mark Twain exprimiu o papel crucial da edição numa carta que escreveu a um amigo. Quase no fim, Twain apercebeu-se de que o número de palavras da carta ultrapassava em grande medida o número de ideias e que tinha presenteado o leitor com uma "carga de trabalhos". Por isso, Twain apresentou as suas desculpas e disse que entendia a dificuldade de editar, com uma nota final:

"Podia ter escrito uma carta mais curta, mas não tive tempo."

Reveja todos os seus apontamentos. Reveja-os de novo. Leia-os em voz alta e pergunte: "Como é que isto pode ser dito de uma forma mais sucinta?" A síntese é poder.

> Leia em voz alta; reveja de novo.

SEJA CLARO

Pelo menos metade de todos os documentos são claros.

Qual é então o problema? A outra metade.

As partes pouco transparentes, mesmo que apenas ligeiramente, levam o seu leitor a criticar as partes mais claras. O seu leitor julgou que percebera, mas a outra parte torna o documento confuso. A parte confusa parece contradizer a parte clara – ou não?

De repente, ele já não tem a certeza de *existir* uma parte clara.

Há uma técnica simples que o pode ajudar a escrever com mais objectividade e que, por sua vez, faz com que os seus leitores se sintam mais confiantes e o considerem um perito.

> Corte todos os documentos ao meio.

O SEU ÚLTIMO PASSO

Leia em voz alta tudo o que escreve.

Assim detectará os erros que os seus olhos deixaram passar. O seu ouvido lê o documento da mesma forma que o seu receptor o ouve. Se o revir apenas com os olhos, os seus olhos irão enganá-lo, pois sabem

(64) Você, L.^{da}

o que é que você disse. Têm tendência para ver aquilo que você pensa que escreveu, em vez das palavras que estão no papel.

Quando lê em voz alta, ouve os erros.

Sendo sensíveis, os seus ouvidos também irão ouvir ritmos estranhos. Livre-se deles e o leitor considerará o seu texto fluente. Irá lê-lo com mais facilidade, apreciará a viagem e quem lhe proporcionou a experiência.

> Depois de escrever um texto, certifique-se de que o ouve.

(4)
As duas competências-chave: ouvir e falar

Neste capítulo irá aprender:

- a importância de saber ouvir
- como realizar apresentações de forma eficaz

COMO SE TORNAR ATRAENTE

Falámos recentemente com um colega que tinha ido a uma festa na semana anterior. No dia a seguir à festa, uma mulher com quem ele falou enviou-lhe um *e-mail* a agradecer. "Gostei imenso da nossa conversa", escreveu.

No dia seguinte, o indivíduo soube que a mulher tinha falado com uma amiga comum e que lhe dissera que o nosso colega era "um conversador fantástico. Muito interessante!"

Interessante, de facto.

O indivíduo disse que não tinha falado mais do que um minuto. Ela falara os outros 50.

> Ouvir torna-o atraente.

OS OUVIDOS TÊM ALGO FASCINANTE

O nosso vocabulário revela constantemente a forma como pensamos. Pense no que se diz sobre o acto de falar.

"Falar é fácil", "Falar é pura retórica", "Isso é só palavreado".

Outra coisa que se diz:

"O silêncio é de ouro."

Estas expressões revelam as nossas convicções: julgamos que se fala de mais e se ouve de menos. Desconfiamos das palavras, mas confiamos naqueles que ouvem – e elogiamo-los.

"Ela é uma excelente ouvinte." "Ele ouviu-me mesmo."

Muitas vezes algumas empresas fazem anúncios com a afirmação: "Nós ouvimos". Partem do princípio de que valorizamos o facto de se prestar atenção, pois significa que a empresa irá ouvir o que é que o cliente precisa e apresentar uma excelente solução. Assim,

"Soluções melhores quando se ouve melhor."

A estes negócios e aos seus anúncios falta-lhes objectivo. Pode ouvir os clientes e, no entanto, não perceber o que eles querem, quanto mais não seja porque ouvir de uma forma verdadeiramente inteligente requer que se coloquem perguntas verdadeiramente inteligentes. Não é fácil.

Não valorizamos aqueles que ouvem por reagirem com respostas. Quando uma amiga nos ouve, por exemplo, não valorizamos o facto de ela ter respondido com uma sugestão.

Valorizamos o facto de ela se ter preocupado o suficiente para nos ouvir. Só o facto de nos ouvirmos articular os nossos problemas confere-nos objectividade – como a psicologia moderna obviamente compreende, pela ênfase que confere à terapia baseada em depoimentos. À semelhança desta terapia, o locutor valoriza não apenas a resposta do interlocutor, como também a sua atenção. Só o facto de se ser ouvido já é gratificante.

Impressionado pela rápida ascensão de Ben Taylor, que foi de África para a América e que em pouco tempo geria o importante *franchise* ExecuTrain, alguém interessado em conselhos perguntou-lhe qual era a chave do seu sucesso. Sem hesitar, Taylor respondeu:

"Saber ouvir."

Alguns conselhos simples ajudaram Ruth Ann Marshall a chegar ao topo da sua carreira, à presidência da MasterCard International. Quando lhe perguntaram quais tinham sido as maiores lições da sua vida, Ruth lembrou-se do conselho da sua mãe:

"Tens dois ouvidos e uma boca, Ruth Ann, o que significa que deves ouvir duas vezes mais do que falas."

Ouça. Activamente e com frequência; sempre.

A MANEIRA MAIS FÁCIL DE PERDER ALGUÉM

Há uns anos, perguntaram a um cirurgião competente o que lhe faltava na sua vida.

Como tantas afirmações profundas, a importância da sua resposta só fez sentido uns anos depois. "Gostaria de fazer um safari em África", disse ele. "Não há outra coisa que precise ou que queira, e tenho todo o dinheiro que alguma vez irei conseguir gastar "

"Aquilo que mais desejo e que me faz mais falta é tempo."

Avaliamos os amigos apenas desta forma. Avaliamos a importância que temos para eles em termos de tempo. As relações dão-nos momentos; os amigos dão-nos horas; os bons amigos dão-nos dias.

Outros irão olhar para si na proporção directa de como você parece olhar para eles. A palavra importante aqui é "parece" e há uma história que ilustra esta situação e o valor do tempo.

Ela devia ter sido uma estrela. Desde cedo que tudo apontava nesse sentido. Aos 33 anos foi nomeada directora regional de vendas da sua empresa. Quarenta e cinco pessoas estavam sob as suas

(68) Você, L.da

ordens. A sua energia, o seu charme, a atenção que dava aos pormenores e a sua capacidade para vender tornaram inevitável a sua rápida ascensão.

Passados dez anos, estava à procura de emprego. Dois anos depois, estava novamente à procura de emprego, vítima de outro golpe dado pela sua falha fatal, mas corrigível.

Podia ter-se reparado nisso mais cedo. A origem do seu fracasso era simples: ela estava ansiosa.

Mas não foi a sua ansiedade que a condenou. Foi o seu subproduto. Onde quer que estivesse, estava sempre com pressa. Além de ter de fazer um esforço para estar calmamente sentada, também tinha de fazer um esforço para se concentrar naqueles com quem estava a falar. Distraía-se – entrava uma pessoa na sala, uma ideia entrava-lhe na cabeça. Dava atenção à distracção e desligava-se da pessoa.

Não estava consciente do que estava a fazer. Nunca ninguém lhe tinha chamado a atenção para isso.

As pessoas deixaram de sentir que eram importantes para ela. Clientes que se tinham ligado a ela, afastaram-se. Colegas que tinham ficado impressionados com a sua energia ficaram magoados quando perceberam que ela não merecia tanto da parte deles.

Ela sabia que as pessoas eram importantes e os amigos mais chegados também o sabiam. Mas a primeira regra de vendas e de *marketing* não é: "Você é quem é". É: "Você é quem parece ser".

No início da sua carreira, e no início das reuniões, as pessoas com quem ela se reunia reparavam na falta de atenção que tinha para com elas, na sua falta de energia e de iniciativa, e toleravam-no. Mas à medida que o tempo foi passando, foram perdendo a paciência e ela perdendo terreno.

Você é aquilo que parece ser. E a maior parte das vezes, ela parecia ser uma pessoa interessada em tudo menos nos outros. Devia ter aprendido uma regra: A Regra de um Segundo.

Quando estiver a ouvir alguém, faça uma pausa de um segundo antes de responder. Revela que esteve a prestar atenção. Se começar imediatamente a falar, dá a sensação de que esteve à espera que a pessoa acabasse de falar para chegar à parte importante: as suas palavras, o seu raciocínio.

Antes de falar, aguarde um segundo.

A NOSSA INTERPRETAÇÃO ERRADA SOBRE OUVIR

"Não estou a fazer nada de especial neste momento, estou apenas a ouvir uma coisa."
Esta afirmação esclarece o nosso problema. Encaramos o acto de falar e o de ouvir de forma diferente. Encaramos o acto de falar como uma *actividade*: estamos *activos* quando o fazemos, até animados. Alguns oradores de sucesso parecem inclusivamente hiperactivos.
Mas o que é ouvir?
Julgamos que ouvir é um acto passivo. Basta ficarmos sentados e ouvir. Achamos que funciona.
Não funciona, como revelam as aulas na universidade.
Os estudantes universitários podem assistir às aulas ficando apenas a ouvir e, mais tarde, quando fizerem o exame, tentar recorrer à memória. Contudo, a maior parte dos estudantes são mais espertos. Tiram apontamentos. Longe de serem passivos, são mais activos do que o orador, que tem uma única tarefa: falar. Os estudantes estão simultaneamente a ouvir e a escrever e, nalguns casos, a ler o que acabaram de escrever.
A experiência deles leva-nos a pensar que o acto de ouvir bem é um acto activo. Você tem de se envolver.
Mas não pode tirar apontamentos. Portanto, o que faz?
O melhor que pode: forma imagens visuais acerca do que o orador está a falar. Se estiver a contar que tripulou um barco em Cape Cod, visualize-o num veleiro golpeado pelo vento nas ondas espumosas. Se falar dos amigos da Florida, visualize palmeiras para o ajudarem a captar e a lembrar-se desse pormenor.
Não nos lembramos bem das palavras mas lembramo-nos das imagens.
Ouça em imagens e ouvirá muito melhor, e a sua atenção óbvia funcionará como um elogio para o orador.

Ouça activamente, em imagens.

MAIS UM PASSO

Os psicólogos sabem que o nosso corpo reflecte os nossos pensamentos. Se nos sentimos tristes, por exemplo, temos tendência para deixar descair os ombros e baixar a cabeça.

(70) Você, L.ᵈᵃ

O inverso também parece ser verdade. A nossa mente vai atrás do nosso corpo. Deixe descair os ombros e baixe a cabeça voluntariamente e começará a ter pensamentos tristes.

Isto também se aplica ao acto de ouvir. Um conselho eficaz para ouvir melhor é, literalmente: *Envolva todo o seu corpo*. Sinta todo o seu corpo, da cabeça às mãos e aos pés, e envolva o orador. Quando envolve o seu corpo ao envolver o orador, a sua mente também se envolve mais.

E, novamente, o orador irá reparar no respeito que está a demonstrar por ele e apreciá-lo.

Envolva todo o seu corpo.

OUÇA O QUE NÃO É DITO

Desconhecemos a maior parte das coisas em que pensamos. São subconscientes. Não as articulamos e muitas vezes não o conseguimos fazer.

Isto é muito importante e contradiz de certa forma um conselho que irá ouvir ao longo da sua vida: escute. O problema com este conselho é que, quando está a ouvir, aquilo que ouve é o que as pessoas sabem e querem dizer.

Na melhor das hipóteses, isto consiste apenas em dez por cento da história.

Se tudo o que fez foi ouvir, tudo o que fica a saber é o que foi dito.

Não pode apenas ouvir. Tem de *observar. A vida não são palavras; são acções. Como é que elas agem*?

O que é que ele faz? Onde é que ela gasta o seu tempo e dinheiro? O que lhe diz a sua postura? O que diz a sua estante de livros?

Ouça as palavras, mas depois use os olhos: veja também o que eles dizem.

PROVE QUE OUVIR RESULTA

O nosso amigo e futuro autor de *best-sellers*, Jacob Greene, levou-nos recentemente a pensar na importância do *reality show, "Survivor"*.

Se conseguir resistir aos anúncios e à banalidade, o programa ensina muito acerca da arte de fazer amigos e influenciar pessoas.

No final de cada série, quando só há duas ou três pessoas que ficam, consegue adivinhar quem é uma delas?

O Ouvinte. Aquele que fica até tarde a ouvir o tipo que tem saudades dos filhos que deixou em casa ou a mulher que não suporta as lamúrias de outra participante.

Os outros são todos expulsos da ilha, mas o Ouvinte fica.

> Os ouvintes são os vencedores.

A ALMA DE TODAS AS APRESENTAÇÕES

Os seus alunos na Universidade de Standford ainda se recordam de Ron Rebholz.

Ao início, poucos ficaram entusiasmados quando ouviram falar de Ron. Ia falar de Shakespeare durante três meses. O pouco que os estudantes universitários tinham lido de Shakespeare na escola secundária parecia ter sido escrito noutra língua.

Decifravam por alto as linhas de *Romeu e Julieta*: "Pecados dos meus lábios? Oh, quero-os retornados, devolve-mos!", por exemplo. Tinha que ver com beijar e, provavelmente, com mais. Além disso, as palavras do bardo confundiam-nos.

Havia muito poucos alunos entusiasmados naquele dia de Outono soalheiro, há muitos anos, quando o Dr. Rebholz entrou em cena e eles se preparavam para preencher os requisitos da escola, inscrevendo-se na aula de Literatura.

Tudo mudou em minutos. Ficaram entusiasmados – não, fascinados – porque Rebholz também estava. Pelo menos todos podiam dizer – pois era óbvio que aquele homem o sentia profundamente – que Shakespeare era mesmo importante. Os estudantes perceberam que se resistissem, lessem atentamente e passassem da singularidade da linguagem de Shakespeare para as verdades eternas que ela transmitia, a sua vida podia mudar.

(72) Você, L.^da

E onde é que eles sentiram essa mudança? Onde ela é mais importante: no seu espírito.

Nenhuma apresentação que faça – seja ela sobre Hamlet ou sobre a necessidade de uma melhor sinalética de tráfego na esquina da First and Main – será um sucesso só pelo seu mérito. Muitas vezes julga que tornou o seu assunto interessante e que falou bem. Mas só quando o sente, e sente a diferença de ter trabalhado as suas palavras, é que os outros reagem.

A cabeça deles não vai a lado algum enquanto o seu coração não os levar lá.

Aprende isto se falar com frequência. Nas suas primeiras palestras, certifica-se de que todos os argumentos são incontestáveis, todos os factos bem apresentados, toda a sua lógica irrefutável. A seguir termina, afasta-se do estrado – e apercebe-se de que nada mudou.

Há outro fenómeno que ilustra este aspecto. É a experiência de muitos que são oradores com frequência ao longo de muitos anos. Alguém acaba por se aproximar deles depois de um discurso e, no decorrer da conversa, diz: "O senhor é um excelente orador e motivador."

Muitos oradores sentem-se ofendidos quando lhes dizem isto. Tanto trabalho e estudo, pensam eles, e não passo de um daqueles que vão à televisão abanar as mãos e que andam aos saltos no palco a dar ordens à plateia, como as claques da escola secundária? No entanto, pouco tempo depois, percebem o que é que uma apresentação eficaz comunica na realidade.

Percebem que uma boa apresentação *tem* de ser estimulante.

Uma observação fantástica sobre ensinar capta esta ideia: "Um professor fraco descreve; um bom professor explica; um professor excelente demonstra; um professor notável *inspira*."

Independentemente do que uma apresentação eficaz possa dizer, aquilo que transmite é que o assunto é *importante*; é importante para si reter os meus serviços, ler o artigo que eu leio, considerar votar no meu candidato. E onde é que é importante?

No "coração e na alma". As apresentações notáveis não são intelectuais; são espirituais. Tem de chegar ao "coração e à alma" dos outros.

Os gestores financeiros eficazes não lhe vendem que vão quadruplicar o seu dinheiro em 25 anos; vendem-lhe a *sensação* que irá ter quando o fizer.

Os angariadores de jogadores universitários de futebol americano não vendem aos rapazes nove vitórias, duas derrotas e a hipótese de participarem em jogos da taça que passam na televisão. Vendem-lhes a *sensação* de estar entre pessoas de quem gostam, de ouvir nos seus capacetes o eco das aclamações de 80 mil fãs e todas as outras sensações condensadas no sentimento que todos os jogadores de futebol conhecem: a sensação que um observador designou por "a emoção da relva".

(Não se esqueça: ninguém pode explicar convenientemente este sentimento, mas poucos se lhe comparam.)

> Todas as boas apresentações motivam.

O PAPEL DA ELOQUÊNCIA

Sabe disso; já o ouviu.

Um orador levanta-se, fala com eloquência, transmite inteligência e revela-se entendido no assunto, e a seguir senta-se. Você fica impressionado mas impassível. Umas semanas depois, levanta-se outro orador.

Sempre foi assim. Há uns séculos esta situação foi exemplificada na perfeição por dois generais gregos, Ésquines e Demóstenes. Tal como observou mais tarde David Ogilvy, no seu livro clássico *Confessions of an Advertising Man*, Ésquines era brilhante a falar – em seu detrimento. Os ouvintes ficavam encantados com a sua eloquência.

Em contrapartida, Demóstenes tropeçava nas palavras, por vezes até se enganava. Ninguém se surpreendia com a sua arte. Mas todos se comoviam com a sua paixão. Portanto, as audiências admiravam e aplaudiam Ésquines.

Mas quando Demóstenes falava, viravam se uns para os outros e gritavam: "Temos de marchar contra Filipe!"

O orador eloquente impressiona-nos, mas não nos leva a agir. Não nos comovemos, pois o orador parece não estar comovido. Se o assunto não tem realmente importância para o orador, pensamos nós, por que motivo tem de ter importância para mim?

> Não os impressione; comova-os.

COMO CONTINUAR A AVANÇAR

Bob Dylan escreveu uma vez um capítulo para um livro sobre liderança, intitulado "O papel de liderança é sempre uma parte oral".

Tinha razão. Os líderes de tudo, e em tudo, falam. Falar é considerado um sinal e um dever de liderança. Os verdadeiros líderes adquirem conhecimentos e partilham-nos.

O percurso das suas carreiras acaba por atingir um ponto crucial: a intersecção de "Falar" e "Não Falar".

"Falar" aponta para Norte. É para cima.

"Não Falar" significa fazer um desvio para a direita e mover-se lateralmente.

É óbvio que pode escolher o caminho mais fácil. Contudo, como todos os caminhos de menos resistência, o mais fácil não o levará longe. E percorrê-lo irá trazer-lhe poucas recompensas.

Comece já a preparar-se para a chegada a esta intersecção.

Caminhe em direcção ao Norte e comece já.

ALCANÇAR UMA AUDIÊNCIA

Você não alcança a sua audiência.

Alcança as pessoas, uma de cada vez.

Se uma audiência lhe responder, é porque quase todas as pessoas da audiência o fazem individualmente. Cada uma delas responde, pois você alcançou directa e especificamente cada uma delas.

Alcance cada um dos elementos da mesma maneira que alcança qualquer pessoa: olha-a nos olhos. Os olhos, como dizem, são as janelas da alma.

Os seus olhos dizem-lhe quem é e o que está a vender.

Fale a uma pessoa, não a muitas, nos olhos.

NOS SEUS OLHOS

Em todos os momentos de uma relação profissional, está a fazer apenas o que o termo sugere: a relacionar-se.

Não se está a relacionar com alguém se se concentrar numa página quando ler uma apresentação.

Nem se está a relacionar com alguém se estiver concentrado num ecrã, a ler do PowerPoint.

Ou a olhar mais para um dos lados da sala do que para os outros.

Ou a olhar para algumas pessoas e não para todas.

Cada vez que desvia o olhar, está a convidar a audiência a desviar também o olhar. Cada vez que desvia o olhar, está a dar azo à pergunta instintiva: "O que é que esta pessoa está a esconder?"

"Por que é que tem medo de olhar para mim?"

Os estudantes de linguagem corporal aprendem que só os mentirosos compulsivos é que conseguem olhar as pessoas nos olhos quando mentem. Todos nós sabemos isto instintivamente; é por esse motivo que usamos uma frase comum quando receamos que alguém não nos está a dizer a verdade:

"Diz isso a olhar-me nos olhos." Para inspirar confiança, tem de olhar os outros nos olhos.

> Olhe-os nos olhos. Constantemente.

COMO FAZER UM EXCELENTE DISCURSO EM DEZ MINUTOS

Escreva um discurso de vinte minutos.

Elimine a parte mais fraca: as histórias mais fracas, as palavras desnecessárias – a parte de que menos gosta.

A seguir elimine um minuto e faça um discurso em nove minutos.

Comunicará com mais intensidade e energia, pois tem menos tempo. Isto fará com que se torne mais motivante.

O seu assunto soará mais interessante e convincente.

Melhor ainda, a sua audiência ficará mais entusiasmada se acabar ligeiramente mais cedo. Concluirão que é alguém organizado, sucinto, confiante e que respeita o tempo dos outros. Irá permitir-lhes chegar a horas à reunião ou recuperar o tempo que perderam, o que faz sempre falta a uma reunião.

Sentirão que veio para respeitar as suas necessidades e não para satisfazer o seu ego.

Resumindo, causará várias boas impressões.

> Quando discursa, tal como em tantas outras coisas na vida, menos é mais.

COMO FAZER UM EXCELENTE DISCURSO EM TRINTA MINUTOS

Fale durante 22 minutos.

POR QUE É QUE OS DISCURSOS DEVEM SER BREVES

Porque temos menos tempo e temos aprendido que podemos obter informação preciosa em minutos.

Ouve-se uma alusão ao valor que se dá à brevidade noutra frase conhecida: "breve e agradável".

Para as audiências, pequeno é agradável.

> Mantenha os discursos breve.

CATIVAR O FUNDO DA SALA

Por vezes, tem de ir o caminho todo a olhar para as árvores. Com um pouco de prática, consegue fazê-lo.

Os grandes artistas têm este dom, que foi brilhantemente demonstrado no Teatro Grego em Los Angeles, no Verão de 1968.

O grande artista era o cantor Harry Belafonte. Até os estudantes universitários do estilo "sou demasiado *cool* para gostar de *calipso*, sou da geração do *Sargent Pepper*" que se encontravam na audiência se renderam à magia de Belafonte.

Para perceber a sua magia, imagine um anfiteatro ao ar livre com filas a perder de vista. Erga os olhos e, acima e atrás do anfiteatro, verá outra fila: os carvalhos grossos que delimitam a parte posterior do teatro.

Olhe com um pouco mais de atenção e verá que as árvores não estão sós.

Estão ocupadas. Sentaram-se nelas pelo menos 50 pessoas para ver Belafonte actuar.

Podia nunca ter reparado nos ocupantes das árvores se Harry Belafonte não os tivesse evocado várias vezes. Com a sua maneira de ser e charme únicos, Harry Belafonte ter-se-á metido com este grupo, ao qual atribuiu um nome especial: os bolseiros.

Eram os estudantes universitários com bolsas de estudo, que não podiam pagar sequer os bilhetes dos lugares das filas de trás. Mas treparam satisfeitos às árvores, de forma a testemunharem aquela extraordinária actuação. Belafonte ficou comovido, mas também os comoveu.

No seu discurso, pode ouvir uma referência a esta situação como "cativar o fundo da sala". Onde quer que vá, seja a uma grande festa ou a uma grande apresentação, cative toda a sala – começando pela parte do fundo.

Isto não é "trabalhar uma sala", nem fazer de si o centro das atenções – mesmo quando, como numa apresentação, você está literalmente no centro do placo. Os melhores artistas e os melhores profissionais conseguem levar as audiências para o centro do palco, mesmo enquanto lá estão.

Para testemunhar isto em primeira mão, arranje uma revista com os programas de televisão e veja quando é emitido um programa com a comediante Paula Poundstone (geralmente na Comedy Central*). A Paula tem o dom de improvisar, de uma forma hilariante, literalmente numa fracção de segundo. Mas irá reparar também como é que ela cativa os que estão no fundo da sala.

Para levar o público a participar na sua apresentação, ela cria uma situação especial.

Você também pode e deve fazê-lo.

---

* **N. T.** Canal de televisão norte-americano famoso pelos seus programas de comédia.

(78) Você, L.ᵈᵃ

Mesmo quando o palco é seu – aliás, sobretudo nessa altura – partilhe-o.

A generosidade, a simpatia e o sentido das relações humanas fazem de um bom momento um momento melhor e tornam-no muito mais eficaz.

> Olhe para as árvores.

PIADAS

Depois de assistir a algumas palestras, pode pensar que existe uma regra fundamental:

Começar com uma piada. Parece que aquece a audiência.

Convencido disso, vai procurar lembrar-se de algumas piadas. Quando é convidado a falar, exibe algumas dessas pérolas. A sua audiência ri, confirmando-lhe que a técnica funciona.

Raramente funciona.

A audiência ri. Não ri porque quer, mas porque você quer que eles riam. Também riem porque admiram a sua predisposição para estar no palco; o medo de fazer um discurso está em primeiro lugar nas fobias em termos mundiais, à frente do medo de morrer e do medo de cobras. Os elementos da sua audiência não querem que se sinta paralisado à partida, como eles se sentiriam.

Por isso riem-se para lhe dar força.

Também se riem, porque a nossa cultura os condicionou. Desde a infância que ouvem ressoar gargalhadas em todas as situações de comédia e aprenderam: "É uma piada, ri-te".

No entanto, quando tenta dizer piadas, está a atravessar um campo de minas terrestres. Quando tenta dizer uma piada, na mente da sua audiência está a competir com Chris Rock, Jerry the Cable Guy e Ellen DeGeners*, que aparecem todos os dias e todas as noites na televisão. Estes profissionais praticam durante centenas de horas.

Aperfeiçoaram a corrida; você apenas começou a gatinhar.

Mais, quando as pessoas ouvem estes comediantes, nunca suspeitam que eles estão a contar uma anedota inventada por outro. Os comediantes contam as suas histórias. Contam as suas experiências e pontos de vista. Contam-lhe quem são, o que pensam, aquilo em que acreditam.

Isto absorve-o; os outros prendem o seu interesse, em parte porque lhe ensinam alguma coisa sobre si próprio.

---

* **N. T.** Comediantes norte-americanos.

Quando diz uma piada que descobriu, não está a revelar-se a si próprio. Está apenas a repetir a piada de alguém. Para piorar as coisas, a maior parte dos oradores faz de conta que as suas piadas realmente os envolvem. "Ontem a minha mulher disse-me, Frank..." A audiência segue a história até ao fim, mas depois percebe que tinha demasiada graça para ter realmente acontecido àquele amador; nenhuma mulher de alguém tem assim *tanta* piada.

Os elementos desta audiência julgam, pelo menos inconscientemente, que o orador começou com um truque. Sentem-se enganados.

Não pode competir com profissionais e não pode correr o risco de decepcionar.

> Tenha cuidado com as piadas.

A ÚNICA PIADA QUE FUNCIONA

Piadas sobre loiras, anedotas de culturas – uma lista interminável; há demasiadas piadas contadas à custa de outros.

Com efeito, diz-se que por cada dez piadas a pessoa cria uma centena de inimigos.

Contudo, o público adora ouvir uma piada por conta de alguém:

Adoram quando se ri de si próprio.

Quando desce do estrado e fica ao nível do chão, anuncia: "Estou aqui, mas na realidade estou com vocês."

Quando quiser fazer humor, pense na sua vida. Grande parte dos comediantes modernos são *observacionais*; olham apenas à sua volta e vêem como podemos ser – e eles próprios – tão profundamente imbecis, absurdos, divertidos ou simplesmente humanos.

As pessoas gostam do humor do dia-a-dia, pois é também o delas. Apreciam profundamente aqueles que o descobrem. O seu humor dá-lhes uma deixa para o seu entusiasmo e permite-lhes espreitar para dentro de si. Em contrapartida, as anedotas apenas lhes dizem que encontrou um livro de anedotas e que decorou uma ou duas.

> Deixe que as suas piadas tenham origem em si.

(80) Você, L.ᵈᵃ

OS PERIGOS DO POWERPOINT

Munidos da informação – fornecida pelos fabricantes – de que os seres humanos se lembram muito melhor daquilo que vêem do que daquilo que ouvem, norte-americanos ligados ao mundo dos negócios transformaram o país.

Vivem actualmente numa nação PowerPoint.

E gerou-se um problema, como o demonstra a história que se segue.

> Cuidado com os *slides*.

AUXILIARES PARA COMPREENDER?

Uma empresa multinacional sediada no Colorado mudou de nome em 2002. Após três anos de crescimento sólido, resolveram perceber como estavam realmente a funcionar.

Queriam sobretudo saber: "Somos mais conhecidos? E se somos, porquê?"

Ambas as perguntas os decepcionaram.

Quando investigadores perguntaram a potenciais clientes "Que empresas conhece neste ramo de actividade?", surpreendentemente poucos referiram as do Colorado. Quando os investigadores relacionaram os assuntos em análise com o nome da empresa, uma sigla de três letras, a reacção continuou a ser de desilusão. Muito poucos potenciais clientes reconheceram o nome.

O que é que estes potenciais clientes reconheceram? Com uma frequência tão surpreendente como o seu silêncio relativamente ao nome, responderam:

"O globo."

O símbolo da empresa era um globo azul. O globo, mais pequeno do que o nome, estava impresso a azul. O nome da empresa estava impresso num preto mais evidente. De certeza que o nome era mais marcante do que um simples globo!

Mas não era.

Por que motivo é que os potenciais clientes se lembravam do globo mas não se lembravam do nome? Afinal, ouviram e leram o nome mais vezes do que viram o globo e o nome era maior e destacava-se mais. E o nome era "visual". Os potenciais clientes viram o nome representado na imagem "visual".

4 | As duas competências-chave: ouvir e falar (81)

Não conseguiam lembrar-se dele porque as palavras *não* são visuais; as palavras são palavras. Estudos efectuados demonstram que nos lembramos melhor das palavras quando as visualizamos. Quando ouvimos a palavra "burro", por exemplo, não estamos a visualizar as letras b, u, r, r, o.

Estamos a visualizar o animal.

Pela mesma razão, fazemos um esforço para nos lembrarmos de conjuntos de letras, pois não as conseguimos visualizar. Lembramo-nos da palavra "pinguim", por exemplo, porque podemos visualizar um.

Isto conduz-nos à falácia da apresentação do PowerPoint. Achamos que, quando um apresentador reforça a imagem com um *slide* com palavras-chave, nos lembramos da mensagem. Não nos lembramos, porque as palavras não são visuais.

Passe a imagem de um globo e as pessoas irão lembrar-se dele. Passe um conjunto de palavras e irão esquecer-se.

> Tenha cuidado com os auxiliares visuais.

AUXILIARES VISUAIS, SIM. AUXILIARES DE MEMÓRIA, NÃO

O evento num encontro nacional de vendas em Atlanta, mas não há dúvida que aconteceu também nesse dia em Houston, Detroit e até em Dubrovnik.

O director comercial nacional de uma empresa listada na *Fortune 200* estava a rever o que tinha sido um ano excelente, com boas previsões para o ano seguinte. Munira-se abundantemente de *slides* com vários tipos de animação e organizou impressionantes gráficos de barras e circulares numa dezena de cores vivas.

No final da apresentação, dois investigadores abordaram quatro participantes para verificarem as suas teorias. Já tendo visto os *slides* antes, o par resolveu verificar em que medida os *slides* tinham passado a comunicação.

Perguntaram aos participantes: "Quais eram os principais obstáculos na América do Sul? Quais eram os produtos mais e menos vendidos? Qual o aumento de receitas previsto para o próximo ano?"

Os participantes responderam correctamente a 30 por cento das perguntas – mas já sabiam muitas das respostas antes da apresentação.

(82) Você, L.ᵈᵃ

Nenhum dos quatro conseguiu mencionar mais do que um obstáculo; o orador mencionou cinco.

Contudo, o director de vendas apresentou a informação "visualmente"; utilizou auxiliares *visuais*. Se os estudos acerca de auxiliares visuais de memória fossem fiáveis, os potenciais clientes deviam ter retido 70 por cento da informação. Esses estudos podem ser fiáveis, mas aplicam-se a "informação visual": a imagens e não a grupos de letras, palavras e números num ecrã.

Mas há mais. Os investigadores deram um passo em frente. Colocaram as mesmas perguntas ao orador.

Sabia muitas das respostas, como devia saber. Mas, surpreendentemente, conseguia mencionar os produtos que se vendiam melhor e os que se vendiam pior (o ser humano tem tendência para se lembrar dos extremos, não das coisas mais comuns), mas atribuiu a ordem errada aos restantes cinco produtos. A sua explicação era simples mas reveladora.

"Tenho toda a informação nos meus *slides*."

Pense no que ele disse. Disse que não precisava de ter conhecimento da informação porque já a tinha. Mas não a armazenou no cérebro, onde podia influenciar e basear as suas decisões. Tinha-a em *slides*, guardada atrás do armário de arquivos.

Não só confiamos erradamente nos *slides*, julgando que nos ajudam a passar as nossas mensagens, como julgamos que, ao criarmos os nossos *slides*, ficamos com os conhecimentos necessários. "Conheço e percebo este assunto", pensamos nós, "porque o transmiti em *slides*".

Pelos vistos, os *slides* não decepcionam só os ouvintes. Também decepcionam os oradores.

> Os auxiliadores visuais normalmente diminuiem a capacidade para se compreender um determinado assunto.

ONDE OS *SLIDES* FALHAM MAIS

Deixámos o mais forte para o fim.

Os *slides* não falham apenas porque têm tendência para dar origem a apresentações que não envolvem os ouvintes no assunto e no orador, ambos fundamentais para uma apresentação eficaz.

Os *slides* falham porque retiram à apresentação aquilo que faz com que ela seja mais eficaz: uma alma.

4 | As duas competências-chave: ouvir e falar (83)

Uma ilustração realista desta situação vem de Nova Orleães, quando despertou da sua catástrofe, em 2005. Na sequência do Katrina, todos olharam para trás e diziam que todos sabiam o que aí vinha. Mas não sabiam. Para se entender como é que isto pode ter acontecido, imagine-se a ouvir uma apresentação sobre a prontidão de um plano de emergência em Nova Orleães, seis meses antes do furacão Katrina. Imagine-se a ver este *slide*:

Questões a ter em conta:
  1. Adequação dos diques
  2. Refluxo para o Lago Pontchartrain
  3. Outras questões relacionadas com infra-estruturas

Você percebe imediatamente o problema. A sobrevivência da cidade, como viemos a saber mais tarde e que nos deixou horrorizados, representava uma questão de vida ou de morte. Mas esse perigo, essa sensação ou esse risco são transmitidos naquele *slide*?

Pelo contrário, *são apagados por ele*.

Pergunte aos anfitriões da reunião o que pretendem de uma apresentação. Querem ressonância emocional. Querem que as pessoas se inspirem, se motivem, e se interessem; querem que as palavras entrem nos ouvidos dos participantes e que as retenham.

Longe de o encorajar, a verdade é que uma apresentação com *slides* força quem a fez a dispor a informação por pontos, destituídos de qualquer contexto emocional.

Imagine Martin Luther King, no Washington Memorial naquele dia, com as suas palavras mágicas projectadas no Washington Monument, para todos lerem:

---

1. Tenho um sonho:
  a. Ter uma vida melhor
  b. Existir igualdade racial
  c. Conseguir ver a terra prometida

---

(84)   Você, L.ᵈᵃ

Isto leva-nos a um ponto final, aparentemente convincente. Será que Lincoln em Gettysburg, Ronald Reagan no Muro de Berlim ou qualquer outro grande representante da história teria feito melhor se tivesse utilizado auxiliares visuais?

Os discursos do Estado da União* teriam mais impacto se os Presidentes incluíssem PowerPoint?

As nossas palavras tornam-se mais fortes com *slides* aos quais lhes falta "coração e alma"?

Então porque os utilizamos?

> Tenha uma razão muito, muito boa para utilizar "auxiliares visuais".

COMO SABER SE FEZ UMA APRESENTAÇÃO EXCELENTE

"Gostava que ela tivesse falado mais tempo."

Se deixar um grupo a desejar ter ouvido mais, já vendeu alguma coisa: uma segunda sessão com eles.

Todos os dias, centenas de oradores têm os seus ouvintes nas mãos. Mas tentam ligar-se demasiado à sua plateia, arrancar mais umas quantas gargalhadas, esticar-se uns minutos à luz da ribalta.

E o público vai-se retirando.

Resista a isto e as pessoas irão lembrar-se bem de si, e irão querer ouvi-lo – não, desejar ouvi-lo – novamente.

> Não se limite a ser apenas breve. Seja um pouco mais breve.

---

* **N. T.** Discurso anual feito pelo Presidente dos EUA sobre o Estado da União.

(5)
De Robin Williams a Dr. Jekyll: relacionamentos

Neste capítulo irá aprender:

- como transmitir ao cliente que ele é importante para si
- a importância de ter um terreno comum
- a importância de cultivar o respeito pelos outros

A LIÇÃO DA LOUCURA DOS DEMOCRATAS

George McGovern, Michael Dukakis, Al Gore, John Kerry.

Todos fizeram o trabalho de casa, revelaram ter uma inteligência considerável e tentaram demonstrar um controlo superior sobre a informação.

Os eleitores rejeitaram os quatro.

Os poderes no Partido Democrata agem constantemente como se a corrida à presidência fosse uma espécie de SAT*. Descobrir a pessoa que pelo menos aparenta ser a mais esperta: o candidato que consegue recitar política e informação de apoio, e que revela ter a melhor memória de política económica dos últimos 50 anos. Os democratas julgam que a vida é como a universidade e que o melhor estudante é aquele que merece o "Grande Emprego".

(Os democratas mais velhos certamente esqueceram-se e os mais novos nunca conheceram Adlai Stevenson**. Muitos eleitores perceberam que Stevenson era uma pessoa inteligente e consideraram isso uma fraqueza, baptizando-o de "o Intelectual".)

Os republicanos vêem as pessoas de uma forma diferente. Acreditam que não se rendem a inteligências superiores nem a quem demonstre dominar factos relevantes. Julgam que os eleitores "compram" aqueles de quem gostam.

Por isso, os democratas continuam a escolher os melhores alunos do curso e os académicos, enquanto os republicanos escolhem oradores vistosos – um grupo classicamente representado por Ronald Reagan. Os especialistas classificaram-no inclusivamente de "O Grande Comunicador". Os democratas também disseram isso dele, mas com desprezo. "Ele é um comunicador, não um pensador", disseram eles e afastaram-se para descobrir o seu próximo "Tipo Realmente Brilhante".

Numa ocasião recente, os democratas tiveram sorte. Escolheram um homem comprovadamente brilhante – como toda a gente sabe, o Conselho para Bolsas de Estudos de Rhodes procura atentamente essa qualidade. Mas Bill Clinton também sabia o que os republicanos sabiam.

Tal como os compradores, os eleitores querem alguém com quem se possam relacionar. Clinton tentou e foi bem sucedido; falou sobre as pessoas comuns e os problemas do dia-a-dia, numa pronúncia comum do Arkansas. Ficou sozinho na qualidade de único candidato democrata durante décadas que iria lembrar-se de utilizar a expressão "sinto a sua dor".

---

* **N. T.** *Scholastic Assessement Test* - Teste de avaliação de conhecimento exigido para se entrar num curso superior nos EUA.

** **N. T.** Um político norte-americano. Foi candidato duas vezes a Presidente dos EUA (1952 e 1956).

Por que motivo é que as pessoas o escolhem a si e não outro? Pelas suas capacidades? Ou porque há alguma coisa em si que é semelhante a elas?

Escolhemos pessoas emocionalmente semelhantes, porque preferimos a sua companhia – nem que seja apenas via conferências de imprensa presidenciais emitidas pela televisão. Escolhemos pessoas pelos seus espíritos, pois até os muito desapaixonados têm alma e é nela que vivemos.

Compramos a sua qualidade. Mas supondo que é um dos vários candidatos que consideramos competentes, não compramos a sua qualidade naquilo que faz.

Compramos a sua qualidade no que você é.

> Cultive as suas competências, mas cultive também as outras coisas que existem em si.

TODAS AS VENDAS SÃO EMOCIONAIS

Primeiro evoluímos emocionalmente e continuamos emocionais, irracionais, intuitivos e instintivos. Pondo as coisas de uma maneira simples, e que é algo que normalmente ignoramos, nós somos animais.

Na realidade, somos tão animais que partilhamos 98 por cento dos nossos genes – 49 em cada 50 – com os chimpanzés. Somos, como escreveu notavelmente Desmond Morris, *O Macaco Nu*.

Isto significa que, se tudo o que der aos outros forem razões para eles o contratarem, comprarem os seus serviços ou contribuírem para a sua causa, está apenas a recorrer a uma pequena parte do cérebro deles. Aproveitando as palavras da velha cantiga, "o osso da cabeça está ligado ao osso do coração". As emoções não funcionam separadamente do raciocínio; muitas vezes dominam-no. As emoções mudam a nossa maneira de pensar; os investigadores conseguem demostrar-lhe isto numa tomografia ao cérebro.

Pensamos com todo o nosso corpo e com todo o nosso ser.

Você também deve apelar a tudo isto.

> Chegue à cabeça através do coração.

O QUE OS OUTROS MAIS ESPERAM DE SI

As nossas necessidades básicas são: comida, abrigo e roupa. Mas a maioria já satisfez estas necessidades. Substituiu-as por desejos, entre os quais o maior é sentir que se é apreciado.

A seguir ao desejo de sermos apreciados, desejamos – e exigimos, como se pode ver gravado com grande relevo no filme *O Padrinho* – que nos respeitem. Você vê este desejo apaixonado expresso nas zangas do nosso tempo: na zanga nas estradas, na zanga no *check in*, na zanga nas companhias aéreas.

Em cada um destes casos a zanga dispara quando alguém age sem respeito. "Como é que ele se atreveu?" é o raciocínio óbvio de Don Corleone quando manda espancar alguém ou quando um condutor buzina a alguém que o está a entalar no trânsito. Nestes casos, não é em "Como se atreveu?" que pensamos.

É em "Como se atreveu a *fazer-me isto a mim*?"

O desejo de sermos respeitados leva a outra exigência dos nossos tempos: à exigência de sermos bem tratados. É desnecessário e penoso falar da evidência do declínio da delicadeza. Há 20 anos, na maioria das cidades, bastava aos condutores verem a luz verde dos semáforos para saberem que podiam carregar no acelerador.

Hoje em dia, não precisam de se preocupar com isso. Se se atrasarem nem que seja ligeiramente, os condutores dos carros atrás dão o sinal de "Arranque": buzinam.

Daqui a 30 anos havemos de ver filmes com sons estridentes de buzinas e aparelhagens estéreo com o som ainda mais alto a ressoar pelas janelas abertas dos automóveis e vozes altas aos telemóveis, e percebemos que o filme se passa algures por volta de 2007. Mas à semelhança de qualquer praga, isto representa um problema e uma oportunidade.

Aquele que sabe o que são boas maneiras será bem tratado – e abordado com respeito, e o principal desejo ao qual deve apelar é ao seu desejo mais forte: o desejo de ser tratado como alguém de igual importância.

Respeite o desejo de as pessoas se sentirem importantes.

O MOMENTO-CHAVE EM QUALQUER RELAÇÃO

É o primeiro de todos. Sondagens realizadas regularmente a empresas de serviços demostram que o acto que mais influi na satisfação das pessoas é o das boas-vindas. Numa sondagem, 96 por cento dos clientes disseram que se sentiram "muito bem-vindos" quando entraram no escritório da empresa, que estavam "muito satisfeitos" com a experiência em geral.

As boas-vindas não só fazem com que uma relação comece bem, como estruturam toda a experiência. O receptor sente-se mais empenhado, o que por sua vez leva o emissor a empenhar-se mais, num círculo vicioso.

Saiba gerir as boas-vindas: a maneira como recebe os outros, a maneira como os atende ao telefone. Verifique também as respostas automáticas do seu correio electrónico, pois são frequentemente o seu cartão de visita. Parecem-lhe ser também acolhedoras?

Saiba gerir as boas-vindas.

TUDO O QUE PRECISAMOS É DE AMOR

Tal como as universidades exigem que os professores escrevam com regularidade – que "publicam ou perecem" – William Zinsser observou uma vez que os melhores conhecimentos não são adquiridos através da leitura, mas da escrita.

Quando escreve, não escreve apenas acerca daquilo que conhece. Escreve acerca do que vai descobrindo quando escreve. O acto da escrita estimula o seu cérebro a fazer associações e essas associações transformam-se numa corrente de pensamentos.

Falar também é das experiências que mais expande a sua capacidade de entendimento. Não é fácil para ninguém e a ideia de falar aterroriza milhares de pessoas. Mas de cada vez que fala, aprende.

Tomemos como exemplo uma palestra dada em Maio de 1997 na Upper East Side de Nova Iorque, numa apresentação organizada pela Learning Annex.

O orador centrou-se nas motivações emocionais que existem por detrás das decisões de compra. Naquele momento do seu discurso, o medo era o assunto preferido. O medo explicava, por exemplo, por que é

(90) Você, L.ᵈᵃ

que um jovem casal, que viajava de Tampa para Orlando para ir à Disney World, parava num restaurante conhecido como o Burger King em vez de num menos conhecido, com comida e serviço melhores. Receando passar por uma má experiência no restaurante menos conhecido, escolhem um abaixo da média numa paragem típica de *fast-food*.

No final do discurso, uma senhora levantou a mão e colocou a questão. "Fala de medo, insegurança, da necessidade de conforto e de outras emoções", disse ela.

"Mas e o amor?"

O apresentador aprendeu imediatamente uma coisa. Aprendeu que quando um orador responde "Essa é uma pergunta curiosa" quer dizer "Não faço ideia de como lhe hei-de responder, mas talvez consiga arranjar tempo".

No entanto, se já tivesse arranjado esse tempo, a resposta ter-lhe-ia surgido.

"O meu trabalho são os clientes de quem gosto", disse ele. "O resto é tudo dinheiro em caixa".

Contudo, não era aquela a percepção-chave – tão importante como perceber que o trabalho é uma coisa pessoal e que as relações são uma das maiores recompensas. A percepção-chave, nos anos seguintes, era a percepção do extraordinário papel do amor pelo trabalho.

Amor: gostamos de nos sentir amados. Esta verdade aplica-se a todos nós. É inclusivamente verdade relativamente a alguém que, pela sua profissão, seria a última pessoa a usar a palavra "amor" para descrever aquilo de que precisa no trabalho: um engenheiro.

Este engenheiro específico estava a descrever um acontecimento comum para os clientes: aquele dias frequentes em que o representante do seu fornecedor estava "nesta zona". Enquanto descrevia a experiência, o engenheiro estava a falar para centenas de clientes.

"Quero pensar que sou o vosso único cliente", disse de uma forma inesquecível. "Por isso, quando estiverem na minha zona a visitar alguém, gostaria que pelo menos me viessem cumprimentar".

Foi ainda mais longe. Acrescentou: "Não me entusiasma que tenham outros clientes. Quero ser o vosso único cliente".

É a linguagem do amor, não é? Uma canção de amor com a letra: "Quero ser teu e o teu único amor".

Gostamos de nos sentir importantes, inclusivamente amados. O mais pequeno sinal de desprezo pode incomodar-nos.

Gostamos de nos sentir amados, independentemente do sucesso com que o disfarçamos.

A IMPORTÂNCIA DA IMPORTÂNCIA

Há egos grandes.

Mas não há egos invulneráveis.

Todos somos frágeis.

Todos os egos têm o seu "calcanhar de Aquiles". Pense, por exemplo, numa das mulheres mais bem sucedidas e aparentemente imbatíveis dos últimos 50 anos: a editora do *Washington Post*, Katharine Graham. Durante a sua permanência no *Post*, o jornal tornou-se um dos mais apreciados. Ganhou prémios Pulitzer, mudou o mundo e fez mil milhões de dólares, a maior parte dos quais foi para Katharine Graham.

No final do exercício da sua actividade, Graham gozava de prosperidade, fama, poder e da solicitude de milhões de pessoas. Tinha fãs e aduladores, amantes e amigos zelosos.

No entanto, continuava igual a todos nós: sujeita a magoar-se à mínima queda. Ela confessou-o.

Devido às atenções de que era alvo, Mrs. Graham não suportava o desprezo que sentia cada vez que alguém – inocentemente – escrevia mal o nome Katharine. (Vá ao Google e verificará este erro repetido várias vezes.)

"Como é que estas pessoas não arranjam tempo para aprender a escrever o meu nome correctamente?", perguntava. É uma presunção razoável o facto de Katharine nunca se ter esquecido do erro ou da pessoa que o cometeu.

O que quer que lhe tentasse vender, nem que fosse só um ponto de vista, não conseguia.

Não arranjavam tempo para ela. Katharine achava que não se preocupavam suficientemente com ela.

Apesar de ser uma das pessoas mais importantes do mundo, a indiferença fez com que Katharine Graham se sentisse desprezada.

A história do futebol americano universitário poderia ter sido diferente se o treinador da equipa Ohio State, John Cooper, conhecesse "a Lição de Katharine Graham". Em 1999, ele soube de um aluno do 12º ano que, ainda no seu primeiro ano de futebol, tinha liderado o Findlay High até à segunda volta, na final do Estado de Ohio. Cooper foi encontrar-se com o jovem *quarterback**, para o encorajar a ir para o Ohio State. O rapaz podia ter ido, mas achou que o treinador não devia estar assim tão interessado: o treinador Cooper estava sempre a chamar-lhe "Rothberger".

---

* **N. T.** *Quarterback* é o jogador mais importante numa equipa de futebol americano, uma vez que é o responsável por perderem ou vencerem.

(92) Você, L.ᵈᵃ

O nome dele era Ben Roethlisberger, que logo na sua segunda temporada como jogador profissional levou a equipa do Pittsburgh Steelers à vitória no 40º Campeonato de Futebol Americano.

> Faça com que o outro se sinta importante.

O QUE É QUE AS PESSOAS QUEREM?

Entreviste clientes de empresas de serviços pessoais e pergunte: "O que o leva a continuar a trabalhar com aquela pessoa e com aquela empresa?"

Julga que sabe o que lhe vão responder. A *competência*. Gostamos de trabalhar com pessoas competentes.

A avaliar pelos anúncios, os potenciais clientes têm de gostar de competência. Frequentemente, os anúncios e as brochuras enfatizam o compromisso para com a excelência da empresa "num desempenho de elevada qualidade". Certamente que os clientes procuram as empresas mais competentes e mantêm-se fiéis a elas, enquanto estas provarem o seu talento.

Mas não o fazem. Não é esta a razão pela qual a maior parte dos clientes continua a trabalhar com serviços, nem é a razão pela qual continua a trabalhar consigo. A competência é o mínimo que exigem e estão convictos de que muitos a conseguem alcançar.

Pelo contrário, a sua resposta consiste apenas numa palavra. Ouve-se mais esta palavra de clientes do que todas as outras palavras combinadas.

A palavra é *conforto*.

Esta resposta desencoraja os colaboradores destas empresas. Querem acreditar, e muitas vezes acreditam, que são os melhores. Mas uma evidência avassaladora demonstra que os clientes não escolhem a "melhor" empresa. Se o fizessem, uma empresa de cada ramo de actividade possuiria um monopólio.

Entre outros motivos, os clientes nunca estão convencidos, nomeadamente após um longo estudo, de que têm toda a informação necessária para decidirem qual poderá ser a melhor. Por exemplo, ouviram algumas empresas serem identificados como líderes, mas colegas com poucos conhecimentos e amigos levaram-nos a pôr isso em causa. Nem sequer entrevistaram todos os possíveis candidatos ao título de "melhor".

Não conseguem chegar a uma decisão conclusiva acerca de quem é o melhor. É o mesmo problema com que se depara quase todas as semanas.

Nunca tem a certeza de qual é a melhor máquina de café, o melhor seguro de vida, a melhor lavandaria de limpeza a seco, o melhor veterinário ou o melhor CPA*, ou quais são as melhores milhares de escolhas que faz ao longo da vida.

Não faz a melhor escolha. Não melhora, como exigem os especialistas em tomadas de decisões. Em vez disso, "satisfaz-se". Escolhe aquilo que o faz sentir-se bem. Ou, voltando a repetir, faz a escolha *confortável*. Quase todos com quem contacta também fazem essa escolha.

Pense na palavra que utiliza quando faz uma dessas escolhas. Como explica as suas escolhas?

Não explica. As suas palavras não são palavras ponderadas; são emocionais.

"*Só achei que batia certo.*"

Por esse motivo, deve resistir-se ao conselho "Primeiro, avaliar a hipótese de arranjar um potencial cliente" ou "Identifique as suas susceptibilidades" ou outras primeiras coisas recomendadas. Antes de fazer seja o que for, faça com que a outra pessoa se sinta confortável. (Uma série de passos referidos nos capítulos seguintes podem ajudá-lo.)

Se a primeira coisa que faz não for tornar o outro confortável, a primeira coisa que fizer será provavelmente a última.

> Uma relação começa com conforto.

O MAIS RÁPIDO VENCE A CORRIDA

Há 12 anos, uma associação de profissionais fez uma pergunta simples:

"O que é que os clientes mais valorizam?"

As respostas dos clientes foram reveladoras daquilo que se valoriza numa relação.

Quando a associação encomendou este estudo realizado a mais de 300 clientes, os organizadores acharam que muitos temas chegariam ao topo. O primeiro era sobre honorários. Durante mais de um ano o seu ramo de actividade debateu-se com a questão dos honorários. Para

---

* **N. T.** O equivalente ao nosso ROC - Revisor Oficial de Contas.

(94) Você, L.ᵈᵃ

economizar, muitos clientes fizeram o trabalho internamente. Por isso, o assunto dos honorários seria quase de certeza uma das três principais razões pelas quais os clientes continuavam a trabalhar com a empresa com que estavam na altura.

Mas não: os honorários ficaram em *nono lugar*.

Sendo profissionais, com títulos académicos superiores e graus de certificação oficiais, os membros da associação estavam convencidos de que as competências técnicas iam ficar numa posição ainda mais elevada. Afinal, essas pessoas contratavam sistematicamente os mais qualificados, os estudantes que demonstravam as capacidades mais técnicas. As competências técnicas de certeza que não iriam ficar abaixo do segundo lugar.

As competências técnicas ficaram em *oitavo lugar*.

O que é que ficou em primeiro?

"Os indivíduos revelaram interesse em desenvolver uma relação a longo prazo comigo e com a minha empresa."

Mas talvez o mais interessante de tudo tivesse sido a competência que ficou em segundo lugar:

"A rapidez com que respondem às minhas chamadas telefónicas."

Ninguém estava à espera desta resposta ou conseguiu explicá-la. Felizmente, ninguém precisava de tentar fazê-lo. Os entrevistados responderam a esta pergunta.

No questionário de seguimento, os entrevistadores perguntaram a quem colocou a "rapidez de resposta" no topo da sua lista: "A pessoa tem de responder à sua pergunta quando responde à sua chamada?"

A resposta foi "Não". Os comentários que fizeram depois desvendaram o mistério – e a emoção que estava por detrás destas respostas inesperadas.

Constatou-se que tudo o que as pessoas que telefonavam queriam era que o profissional lhes respondesse rapidamente à sua chamada. Não estavam à espera que o problema fosse imediatamente resolvido e não partiam do princípio de que as suas perguntas iriam ser rapidamente respondidas. Só queriam aquilo que todos querem todos os dias.

Queriam sentir-se importantes para a outra pessoa.

Anseamos por uma resposta rápida, devido ao que isso implica: «Você é importante para mim».

Há muitos que se apercebem disto, pelo menos a um nível subconsciente. A gravação do atendedor de mensagens do seu telefone fornece essa pista quando escolhe as palavras: "*A sua chamada é importante para mim*, por isso deixe a sua mensagem..."

Aqueles com quem lida, tal como você, sofrem decepções todos os dias. São ignorados por "assistentes do serviço ao cliente", ficam à espera nas linhas telefónicas dos aeroportos e dos serviços públicos, ficam "pendurados".

Num mundo onde a indiferença é uma constante, qualquer gesto que dê a entender a alguém que "você é importante para mim" é como se lhe estivesse a dar um presente.

> Responda rapidamente. Faça tudo com rapidez.

TUDO O QUE DEVE SABER SOBRE INTEGRIDADE

> *"Aja sempre correctamente. Satisfará alguns e surpreenderá os outros."*
>
> Mark Twain

O OUTRO CONHECIMENTO MUITO IMPORTANTE

Uma empresa de advogados recém-criada deixou, em menos de 15 anos, de ser o sonho dos seus fundadores para ser o emprego de sonho dos melhores diplomados em Direito da região, principalmente devido à sua promessa única.

Logo no início, a Greene Espel comunicou aos seus potenciais clientes que não iria resolver todos os problemas legais daqueles que ligavam para lá. "Somos especialistas em sete áreas", declarou a empresa nos seus anúncios e brochuras. "Se o vosso problema não se incluir em nenhuma destas áreas, iremos ajudá-lo a encontrar o melhor advogado ou a melhor empresa para tratar do assunto".

Quinze anos depois, pode acontecer andar a passear pelo centro de Mineápolis e encontrar alguém da área de Direito. Mencione esta empresa e um número impressionante dir-lhe-á:

"Ah, sim. É a empresa que aconselha a empresa certa às pessoas, caso a deles não o seja."

(96) Você, L.da

Ninguém pode dominar tudo. Não há ninguém, nenhum produto, ou serviço – incluindo o seu – que sirva para toda a gente. Assuma-se a si próprio como a solução para quase tudo e todos o verão como a solução para nada. As pessoas querem especialistas.

Mas você pode, tal como aquela empresa de advocacia, oferecer qualquer coisa valiosa nesta época de tantas escolhas, tantas pessoas e tantas soluções possíveis.

Você pode ser uma *fonte*.

Pode ser visto como alguém que consegue resolver o problema – *ou descobrir alguém que o faça*. Pode ser aquele que tem precisamente o que eles precisam ou que sabe quem o faça.

Estude o seu ramo de actividade e outros relacionados. Descubra os nomes dos peritos, especialistas e líderes de opinião.

Os grandes fornecedores de serviços são completos. Tal como a empresa de advocacia, *sabem como e sabem quem*. Podem ajudá-lo ou conhecem alguém que o pode fazer.

Descubra como e quem.

COMO FALHAR COMPLETAMENTE

Uma senhora foi convidada a falar sobre como discursar.

Vamos ficar por aqui. Tanto você como ela já sabem quais as dinâmicas que envolvem esta apresentação. A senhora terá de ser conhecida como alguém que sabe falar com conhecimento acerca do acto de discursar; ao ter sido convidada, tem de ter discursado, e bem, durante anos. Por o ter feito, levou uma vida boa, provavelmente uma vida excepcional.

Você sabe-o, ela sabe-o, todos na audiência o sabem. É por isso que ali estão.

Querem saber *como* é que o fez.

Como é que a senhora vai conquistar esta audiência? Para se conquistar qualquer audiência, seja de uma pessoa ou de um milhão de pessoas, é necessário ter-se qualquer *afinidade* com elas. Tem de se encontrar um terreno comum.

Você entra no escritório de alguém que quer convencer. Vê um livro na prateleira sobre os índios do Noroeste. Refere-se a ele e à sua paixão pelo discurso do famoso chefe Joseph of the Nez Percé e às suas inesquecíveis palavras finais "Daqui onde estou neste momento, nunca mais hei-de lutar". O seu entusiasmo é genuíno, tal como é genuína a afinidade que criou ao encontrar este elo de ligação comum. Também estabelece um terreno comum se estiver num terreno comum. Pode estar a falar de um estrado elevado. Mas se insistir em manter essa distância, a distância entre si e a audiência irá manter-se ao longo da apresentação – e nos anos seguintes.

O que é que a oradora fez? Em vez de reduzir a distância, aumentou-a.

"O meu contabilista ontem disse-me que já me posso reformar; foi uma excelente notícia". O que ela estava a dizer era: "Fiz muito dinheiro com isto, portanto ouçam atentamente".

Ou talvez estivesse realmente a dizer: "Fiz muito dinheiro. Não acham que sou especial?"

Não estava a falar da audiência; estava a elogiar-se a si própria. E a sua mensagem era desnecessária; os membros da audiência sabiam que ela fora bem sucedida. Era por isso que estavam ali.

Mas não queriam ouvi-la dizer que era boa naquilo que fazia. Queriam ouvir como é que *eles* podiam vir a ser bons depois de ouvirem o seu conselho.

Não queriam que lhes recordasse que tinha sido bem sucedida. Isso apenas lhes recordaria, de certa forma, que tinham ficado aquém das expectativas.

As pessoas não querem ouvir que você é bom. *Querem ouvir como podem ser boas e como as pode ajudar*.

Encontre um terreno comum e elogie os outros em vez de se elogiar a si próprio.

TERRENO COMUM

Pergunte a um grupo de vendedores se alguma vez ouviu falar de algum ex-fuzileiro que tenha telefonado a outro e que não tenha feito o negócio. São todos amigos. Como também não ouviu falar de um universitário membro das fraternidades Notre Dame ou Delta Gamma que, ao telefone com outro ex-aluno ou ex-colega de fraternidade, não consiga estabelecer um bom relacionamento.

Para fechar um negócio, encontre primeiro um terreno comum. As sobreviventes do cancro da mama têm conhecimento disto; preferem lidar umas com as outras do que lidar com pessoas que não partilham do seu terreno comum. É o que fazem os naturais de Montana que vivem no Leste, os gregos que vivem na América e por aí fora; esta lista dava para encher páginas.

Sentimo-nos confortáveis – a chave para uma relação de sucesso – com os outros que se assemelham mais connosco. Estudos feitos a animais, que não os humanos, revelam o mesmo resultado: são constantemente atraídos pelos semelhantes, enquanto evitam os que são diferentes. Os pássaros cuja plumagem se assemelha acasalam uns com os outros – e dão bicadas nos que têm uma plumagem diferente.

Sentimos que conhecemos aqueles que se parecem connosco, porque nos conhecemos minimamente. Sentimos que podemos prever o seu comportamento e reacções, pois conseguimos prever os nossos.

Isto deixa-nos confortáveis.

Como as primeiras impressões influenciam profundamente tudo o que se segue – mais do que a maioria de nós se apercebe – é preciso encontrar rapidamente um terreno comum. Tente descobri-lo antes de se encontrar com alguém.

Faça o seu trabalho de casa. Conheça a pessoa antes de ela o conhecer a si. Preste muita atenção aos locais de nascimento (são fundamentais para quase todos nós), universidade e passatempos.

Se for ao escritório dela, faça a sua avaliação rapidamente: os livros nas estantes revelam algumas pistas. As recordações muitas vezes contêm inclusivamente pistas melhores: troféus, fotografias de idas à pesca ou à neve, desenhos pendurados nas paredes feitos por uma criança de cinco anos, símbolos de desportos preferidos.

E se o escritório não tiver nada disto? Nesse caso, tenha consciência de que está a lidar com alguém que só pensa em trabalho. O vosso terreno comum pode ser a vossa paixão pelo trabalho. Ter conhecimento disso também pode ser útil.

Antes de se encontrar com alguém, e nos primeiros segundos depois de o ter feito, encontre um terreno comum.

ADAPTAR E ADOPTAR

Todos os dias um milhão de pessoas desistem dos seus testes de vendas, sem nunca chegarem a receber uma classificação. Na realidade, têm a certeza de que o fizeram bem: mostraram-se interessados, convincentes e persuasivos.

5 | De Robin Williams a Dr. Jekyll: relacionamentos (99)

Resumindo, pensam apenas exactamente como a mulher que tentou a sua sorte ao pequeno-almoço num hotel em Atlanta. *Sentia-se* com energia e animada. Era *esse* o seu problema.

O seu plano – estava a tentar convencer o homem do outro lado da mesa do pequeno-almoço a fazer parte do concelho de administração – funcionou de maneira diferente. Ele trabalhava devagar e de uma forma mais analítica. Valorizava o entusiasmo mas, acima de tudo, a sua visão acerca de qualquer negócio era a de um bom investidor. Ele queria saber "Qual é a diferença que você faz?"

O erro da mulher não foi ter respondido mal à pergunta. Foi a maneira *como* tentou responder.

Respondeu rapidamente, quase ao ritmo de Robin Williams. O potencial membro do concelho de administração comunicou-lhe que funcionava mais pausadamente. Precisava de conseguir informação ao seu ritmo.

Mas ela não percebeu a mensagem e prosseguiu, a 120 palavras por minuto.

Não conseguiu fazer o que fazem os grandes vendedores. Falhou no jogo do "espelho e mímica"*.

Todos os potenciais clientes vivem e processam informação a um determinado ritmo. Alguns ao ritmo da valsa, outros ao do *rap*; alguns ao do *adagio*, outros ao do *presto*.

Para estimular os seus potenciais clientes, estes têm de sentir semelhanças consigo – e um primeiro sinal de semelhança é o ritmo. Se o seu potencial cliente conduzir a 70 quilómetros por hora, você terá de abrandar para acompanhar o seu ritmo. Se escolher um ritmo mais rápido ou mais lento, ele sentirá que você não se vai relacionar com ele nem percebê-lo. Com efeito, parece que nem sequer está a tentar.

A diferença torna-se de facto tão grande, que ele deixa de lhe dar atenção.

Não se conseguiu adaptar-se a ele. Ao não fazê-lo, transmitiu-lhe que era diferente – demasiado diferente, conclui ele.

As pessoas escolhem o que se parece com elas. Um ritmo familiar – o seu próprio – conforta-as.

Para estabelecer terreno comum, siga o ritmo do seu interlocutor.

---

* **N. T.** Um jogo em que os alunos formam pares e um deles tem de imitar o outro que está à sua frente, como se se estivesse a ver a um espelho. .

(100) Você, L.da

O RELACIONAMENTO É PALAVRAS MÁGICAS

"Obrigado."
"Bem-vindo."
O nome da pessoa.
A quarta? Os nomes dos filhos da pessoa.
As quatro palavras mágicas seguintes?
"Vou buscar o cheque."

> Utilize as palavras mágicas.

O QUE A P&G SABE: CINCO MINUTOS MAIS CEDO

É um bom conselho ouvir clientes e potenciais clientes, mas o acto comum de ouvir produzirá apenas resultados comuns.

Deve ouvir como se a sua carreira dependesse disso.

A importância de se ouvir com muita atenção foi demonstrada num encontro pouco comum em Lake Las Vegas, no Estado do Nevada, na Primavera de 2005. Uma das melhores empresas de consultoria de engenharia do mundo convidou cinco dos seus clientes sediados em Nevada para irem ao palco explicarem o que os clientes mais valorizam nos seus consultores.

Durante uma hora de mesa redonda, os clientes realçaram aquilo que as pessoas valorizam em quem contratam. Nenhum comentário foi mais esclarecedor do que o de Doug.

Doug queria que a empresa e os indivíduos que contratara sentissem que eram pessoas importantes. Ao comunicar esta pretensão, demonstrou que era vital para ele que os consultores "se pusessem no lugar do outro". Deu um bom conselho: saberem não só o que ele pretendia, mas como trabalhava. Conhecerem as pressões e as exigências do seu trabalho.

Para o perceberem, disse que queria que os consultores estivessem presentes nas reuniões de administração. A maior parte dos membros da audiência ouviu-o e, como eram conscientes, apontaram o conselho de Doug: *Estar presente em mais reuniões com os clientes*.

Mas não foi exactamente isso que Doug disse. Disse mais qualquer coisa, ainda mais importante: acrescentou uma palavra.

A palavra era "com pontualidade".

5 | De Robin Williams a Dr. Jekyll: relacionamentos (101)

Se analisarmos isto, é fácil concluir que, se chegar pontualmente a uma reunião de administração do Nevada Water*, não vai ficar a saber mais sobre os temas da administração. Estas reuniões têm tendência para começar tarde, pois pelo menos um membro fundamental chega atrasado. À semelhança do que acontece na maioria das reuniões, as de administração começam com os administradores a trocarem piadas uns com os outros, a falarem do tempo (muito importante para aqueles ligados ao sector da água) e a reverem os jogos da noite anterior. Com efeito, quem é obsessivamente eficiente chega cinco minutos atrasado às reuniões na maior parte do país, apenas por esse motivo; poucas reuniões começam à hora marcada.

Então por que é que Doug, e na prática todos os clientes do mundo, querem que os seus consultores cheguem à hora marcada? Não é para que esse consultor fique mais bem informado. É pelo que a chegada pontual do consultor transmite: *esta é a coisa mais importante para mim neste momento*. Não havia mais nada – igual ou mais importante – que exigisse a minha atenção.

Noventa por cento do sucesso *está* apenas em aparecer: *à hora marcada*.

A um cliente isto transmite "Você é importante para mim". Aliás, a Procter & Gamble ensina isto religiosamente. Ensina a regra da P&G: Se não chegar cinco minutos adiantado, está cinco minutos atrasado.

> Sempre pontual.

O PODER EXTRAORDINÁRIO DO QUE É COMUM

É preciso repetir, por várias razões.

Noventa por cento de qualquer coisa é mostrar-se.

Quando ouve estas palavras aos 20 anos, acha graça. Não leva a sério. Faz o oposto. Ri-se.

Perto dos 30, pode agarrar-se à convicção de que o sucesso é uma expressão da mestria. Aperfeiçoe as suas capacidades, sejam elas quais forem, e o mundo centrar-se-á em si. Você não se limita a mostrar-se; mostra-se de uma forma brilhante.

Contudo, acaba por perceber que o humor implícito naquela piada não reside na distância a que está da verdade. Reside na proximidade.

---

* **N. T.** Departamento de recursos de água do Nevada, cuja missão é conservar, proteger, gerir e melhorar os recursos de água para os cidadãos do Estado do Nevada, através da apropriação e redistribuição das águas públicas.

(102) Você, L.ᵈᵃ

Mostrar-se é o que realmente interessa.

Pode aprender isto ao ajudar empresas a comercializar os seus serviços. Com o tempo, surgirá um modelo. Você vê que as empresas ocupam um nicho num mercado e a seguir percebe que existem poucas verdadeiras posições de poder.

Nos serviços de muitos – e você é um serviço de um – há uma posição que surge com uma força especial e que exerce uma grande atracção sobre uma grande percentagem de potenciais clientes. Chamamos-lhe "O Produto de Confiança".

Você consegue identificar imediatamente alguns negócios conhecidos que ocupam este nicho de mercado. Provavelmente está a lembrar-se novamente das máquinas de lavar roupa Maytag, graças à utilização inteligente e repetida durante décadas do seu símbolo, o técnico da Maytag. Ele não tem nada que fazer, claro, porque a Maytag raramente precisa de conserto.

Na área dos automóveis, o "Produto de Confiança" destaca-se de tal modo no seu nicho específico que, quando os resultados da investigação Powers sobre a fiabilidade automóvel são anunciados, os jornais dedicam-lhes longos artigos e posição de destaque. A investigação classifica os automóveis em defeitos por cada mil e é considerado o indicador de qualidade mais fiável para automóveis. A classificação da Toyota nesta pesquisa tem sido boa ao longo dos anos e preenche o nicho de "Produto de Confiança" nos segmentos de mercado médio e de massas. Graças a esta reputação que a Toyota goza de uma boa imagem e um excelente volume de vendas anual.

De vez em quando, os potenciais clientes escolhem o "Produto de Confiança": aquele que se mostra e que tem um bom desempenho, dia após dia.

As pessoas escolhem sobretudo produtos de confiança. Ofereça um.

O COMUM EM ACÇÃO

Um gestor de projectos de sucesso numa empresa de consultoria de topo descobriu, após anos de observação, o que ele dizia serem as cinco chaves para o sucesso de um consultor. Por muito surpreendente que possa parecer, as duas primeiras eram "Apareça à hora marcada" e "Certifique-se de que tem tudo o que é necessário para a reunião".

Perguntaram-lhe: "Como é que essas duas coisas podem fazer a diferença?", ao que ele respondeu: "Porque todos os dias há consultores que falham nestas tarefas". Citou um exemplo recente – repito, estas coisas acontecem mesmo. Um consultor de uma empresa concorrente apareceu à hora marcada para a reunião e tinha tudo o que precisava – excepto uma coisa.

Esquecera-se da caneta.

Não é grave, pensou ele, e pediu uma emprestada. Passados três meses aqueles seus clientes ainda contavam a história com um misto de espanto e divertimento.

O que acontece com os negócios de muitos, acontece com o seu, o seu "Serviço de Um". Quando acaba a universidade, sai convencido de que é um especialista no que aprendeu e que por isso terá sucesso. Obviamente que pode ser. Mas a história dos negócios está cheia de histórias de pessoas que ascenderam ao seu melhor, mas que não conseguiram manter sistematicamente o nível conquistado.

Faça as coisas grandes, mas *aperfeiçoe* as pequenas. As pessoas olham para as coisas pequenas, para perceberem a sua capacidade de fazer coisas grandes – nada mais.

Acima de tudo, aja consistentemente e mostre que é de confiança. Ao que parece, 90 por cento do sucesso reside de facto no acto de se destacar.

Ponha os pontos nos *is*. Nem todos o fazem.

JEKYLL, NÃO HYDE: SER PREVISÍVEL

Há alturas em que paga generosamente por um conselho valioso. Noutras, se tiver sorte, pode roubá-lo num avião.

Sentado à janela num voo da United Airlines, o passageiro ouve uma voz que transmite uma autoridade pouco comum. Atraído, o passageiro escuta sorrateiramente.

A voz pertence a um homem que diz a uma mulher que se especializou em ajudar empresas a comunicar com os seus colaboradores. É evidente, pelos seus comentários, que é um estudante fanático e eloquente de relações humanas. Pelas perguntas que ela coloca, percebe que a mulher também estudou aplicadamente relações humanas.

Ela pergunta-lhe: "Do seu trabalho, o que considera a chave para as relações de sucesso?"

(104) Você, L.^{da}

A sua resposta surpreende o "bisbilhoteiro". De certeza que não pode estar certo, embora a sua experiência e convicção sugiram o contrário.

"Previsibilidade", responde ele. "Sentimo-nos mais confortáveis junto de pessoas cujo comportamento conseguimos prever."

Pense na resposta que ele deu durante uns segundos e as peças começam a encaixar. Ele não quer dizer previsível no sentido de "repetitivo, sem variedade, maçador". O que ele quer dizer é que as pessoas se sentem mais seguras com quem age de forma coerente e, portanto, previsível.

Pode observar o medo do oposto, à semelhança de muitos medos humanos, numa história famosa: *Dr. Jekyll e Mr. Hyde*. Médico num momento e monstro no momento seguinte, Jekyll/Hyde encarna o exemplo extremo e clássico daquilo que as pessoas receiam: o imprevisível.

Sabe isto das relações tensas que mantém com aqueles que possuem personalidades instáveis. As pessoas instáveis fazem-no sentir-se inseguro. Mas você não se sente inseguro com o seu lado pior ou com o seu lado melhor. Afasta-se delas porque nunca tem a certeza de *quem* podem ser no momento seguinte.

Agem imprevisivelmente; isso fá-lo sentir-se inseguro. E a segurança é crucial para uma relação bem sucedida.

O viciado representa apenas o exemplo extremo de alguém que nos provoca insegurança. A pessoa que se mostrou imediatamente prestável num momento e que três dias depois é outra pessoa.

Como o comerciante que informa que o horário de abertura é às 9h00 e que chega às vezes às 10h00. Por não confiar na hora a que vai abrir, você passa a ir a outro estabelecimento.

Você é previsível?

Seja coerente: com horários, hábitos, comportamentos.

PRESTE ATENÇÃO AOS CONDUTORES DE MÁQUINAS

O currículo do jovem arquitecto levava a crer que ele iria ser uma estrela.

Os professores estavam encantados com as suas competências. Numa altura em que o seu ramo de actividade estava em recessão, foi convidado por sete empresas para entrevistas. Escolheu uma e começou aí a sua escalada ascendente. A escalada durou apenas uns meses.

Ninguém lhe falara nos condutores de máquinas.

Apercebe-se da importância dos condutores de máquinas quando ouve falar Bill Coore, a lenda crescente de um arquitecto de campos de golfe. Quando lhe perguntaram como se prosperava na sua área, respondeu: "Conheça os condutores de máquinas. Conquiste a sua simpatia e confiança, convença-os do seu ponto de vista e de repente o trabalho torna-se mais simples".

Na empresa deste jovem arquitecto, que desenhava enormes edifícios para escritórios, os "condutores de máquinas" eram conhecidos como a "equipa de apoio", um termo que parece querer comparar as pessoas a bengalas.

O termo "equipa de apoio" enganou o jovem arquitecto. Julgou que aquelas "bengalas" estavam ali para ele e muito bem, pensou, dada a sua competência e futuro óbvio.

Mas eles não estavam ali para o apoiar. Não é difícil imaginar porquê. Ele julgava que eram "bengalas". Eles pensaram que ele também pensara que eram.

Eles ganharam. O jovem arquitecto era insuportável, desorganizado, antipático, distante, temperamental – disseram eles aos sócios. A lista de defeitos ia por aí fora, alguns acertados, outros distorções inevitáveis que acontecem quando as relações se desgastam.

Na empresa, os assistentes conduziam as máquinas. Eram preciosos no apoio diário e indispensáveis naquelas ocasiões, por exemplo, em que o arquitecto percebia que o projecto que era esperado na sexta-feira afinal tinha de ser entregue em três horas. Como vai conseguir fazer o projecto para o cliente?

Só o conseguirá fazer se o condutor da máquina quiser ignorar o almoço e o ajudar na sua tarefa.

Você está rodeado de "condutores de máquinas" por todo o lado, vestidos com disfarces que podem levá-lo a não dar por eles. Cause uma impressão forte e rapidamente poderá estar a fazer um telefonema de vendas.

Há uma velha frase, utilizada em contextos diferentes, que transmite um excelente conselho. "Precisa de toda a ajuda que conseguir obter." A *todos* nos dá jeito utilizar toda a ajuda que conseguirmos obter.

> Preste atenção aos "condutores das máquinas".

O PODER DO SACRIFÍCIO

O estudo das relações humanas demonstra que há uma coisa que une as pessoas: os sacrifícios.

Nas relações falhadas, uma ou muitas vezes ambas as partes sentem que os sacrifícios estão desequilibrados. Uma ou ambas as partes sentem que estão a dar mais do que a receber. Nas relações de sucesso, os sacrifícios parecem estar, e a maior parte das vezes estão, perto do equilíbrio.

A primeira razão para fazer sacrifícios é pelo bem das suas relações. Os seus sacrifícios criam elos e esses elos são a chave de uma vida gratificante.

Mas facilmente ignoramos a segunda razão para fazermos sacrifícios, sobretudo se recearmos que dar aos outros nos retira a nós. Perde-se tempo com sacrifícios e, muitas vezes, dinheiro; receamos que o tempo e o dinheiro perdidos se percam para sempre.

No entanto, onde observamos dádiva, os especialistas vêem outra coisa. Dar beneficia o receptor, claro. Mas os psicólogos estão constantemente a observar que o acto de dar estimula a auto-estima do dador e por um longo período de tempo a seguir à doação.

Dê para seu bem. Dê porque lhe trará benefícios e não apenas por parte da pessoa que lhe retribui o favor. Irá beneficiá-lo *imediatamente*.

Ajudar, ajuda-o a si.

(6)
Cabeleiras voadoras, cobras e demónios: atitudes e crenças

Neste capítulo irá aprender:
- as atitudes a tomar para obter resultados positivos

(108) Você, L.ᵈᵃ

AS CRENÇAS FUNCIONAM

As crenças mudam tudo. A um nível surpreendente, você é aquilo em que acredita e os outros também o entendem assim.

Por exemplo, tem tendência para experimentar aquilo que acredita que irá experimentar. Aprendemos isto em *marketing*, quando pedimos a alguém que experimente a marca X, uma marca de que as pessoas gostam e que conhecem, a nossa marca. Decidem que gostam da nossa, mas gostam muito mais da delas. Não conseguem descrever o nosso produto, mas conseguem descrever com algum pormenor a sua marca, quase sempre em tom elogioso.

O problema, como já deve ter calculado, é que a marca X e o nosso produto são o mesmo produto, apenas em recipientes diferentes.

Se pensarmos que vamos gostar de alguma coisa, gostamos e somos capazes de dizer com veemência por que é que a preferimos em detrimento de outras – *incluindo outras totalmente idênticas*.

Já todos ouvimos falar do efeito placebo, que é o que estamos a tratar aqui. Mas o que muitos não percebem é que o efeito placebo não é, na maioria dos casos, um exemplo de uma mente confundida. Os placebos funcionam mesmo; tomografias ao cérebro revelam com frequência que aqueles que tomam placebos para reduzir a dor sentem efectivamente menos dor. A dor desapareceu. Não é apenas fruto da imaginação.

Assim, você é aquilo que os outros acreditam que é. E em grande medida, você é para eles o que acredita ser. Descobrimos sistematicamente que os melhores vendedores não são aqueles que revelam uma grande confiança no serviço que estão a vender. São aqueles que acreditam verdadeira, absoluta e totalmente que o produto deles é superior. A crença em si próprio irá inspirá-la nos outros.

> A crença funciona.

FAÇA AQUILO QUE GOSTA DE FAZER

Costuma dizer-se que, se fizer o que gosta, o dinheiro acaba sempre por aparecer. Mas será verdade?

Não. Muitas vezes o dinheiro aparece, mas muitas vezes não. Mais regra ou não, não interessa.

Seja como for, faça aquilo que gosta de fazer.

6 | Cabeleiras voadoras, cobras e demónios: atitudes e crenças (109)

Fazer o que se gosta de fazer resulta.

Primeiro, o dinheiro pode realmente seguir-se e satisfazê-lo. Uma vez que precisamos de algum dinheiro e gostamos de ter um pouco mais, pode acontecer.

Uma das possibilidades consiste em poder achar que o dinheiro se seguirá, mas que o satisfaz menos do que estava à espera. Acontece com alguma regularidade.

A possibilidade seguinte é: o dinheiro segue-se, mas apenas o satisfaz momentaneamente. É a possibilidade mais comum, por um motivo que poderá ser inerente aos seres humanos. Abraham Maslow chegou uma vez à conclusão de que os humanos devem ser os únicos animais que sentem uma satisfação temporária. Quando uma coisa nos satisfaz, passamos para o nosso próximo desejo insatisfeito.

A satisfação – como se aprende quando se estuda a satisfação dos clientes e dos negócios – normalmente dura apenas alguns momentos. A satisfação simplesmente eleva a nossa fasquia.

Como última possibilidade, pode pensar que o dinheiro não se segue e ficar decepcionado.

Mas nenhuma destas possibilidades é tão importante como o resultado garantido: *terá adorado o que tem estado a fazer*. Isso irá satisfazê-lo tão profundamente que o resultado terá se der designado por sucesso ou ser reconhecido como qualquer coisa ainda mais enriquecedora.

> Faça o que gosta de fazer e seguir-se-á a satisfação de fazer o que gosta de fazer.

MAS JÁ OUVI ISSO ANTES

Presumimos que, se já ouvimos uma coisa, a sabemos e, se a sabemos, estamos a agir de acordo com isso.

Mas está-se constantemente a repetir conselhos, pois está-se constantemente a ignorá-los.

Este facto é na verdade um fenómeno: é uma forma de raciocínio mágico. Acreditamos que, quando ouvimos uma coisa, aprendemo-la e assim que a aprendemos, acreditamos que agimos de acordo com ela.

Não é verdade.

Encontra uma semelhança com isto em pelo menos três quartos das empresas. Fizeram um plano. Por isso, acreditam que estão a cumpri-lo.

Mas conhecer não é fazer. E conhecer e pensar nunca é suficiente.

Portanto, se acha que já ouviu isso antes, é porque já ouviu. Mas interrogue-se e a seguir responda com toda a honestidade à questão:

Estou a agir com base no conhecimento que tenho?

TRÊS PASSOS EM FRENTE

Durante anos, as capas dos livros atraíram a sua atenção. Prometiam que o material neles contido iria transformar subitamente, de forma radical e com pouco esforço, a sua vida.

Se se irritou com essas capas sensacionalistas, supomos que veio parar ao livro certo.

Pois, conforme revelam as autobiografias, até as vidas mais bem sucedidas estão cheias de retrocessos. Um dia, aprenderá uma lição que o libertará das marcas dos seus erros:

Os seus maiores avanços seguem-se a enormes retrocessos.

Ou, dito de outra forma, os seus erros são presentes, caso os abra e espreite lá para dentro.

Lembre-se disto.

A NOSSA MÁ INTERPRETAÇÃO

A um nível desanimador para alguns leitores, os livros sobre vendas estão muitas vezes cheios de ideias.

A maioria está convencida de que isso acontece porque os vendedores estão constantemente a precisar de ser motivados. Imaginamo-nos a fazer 50 chamadas imprevistas e, em metade delas, a desligarem-nos rapidamente o telefone. Chegamos à conclusão que só alguém verdadeiramente motivado é que pode suportar esta situação mais de um dia.

Durante anos, os vendedores que liam esses livros tinham este raciocínio. Felizmente, para muitos autores desses livros, o desejo e motivação dos leitores sempre foi suficientemente forte para sustentar a família do autor.

6 | Cabeleiras voadoras, cobras e demónios: atitudes e crenças

Mas os críticos, tal como estes consumidores entusiásticos, esqueceram-se de qualquer coisa. A inspiração e a motivação não são só aquilo que os vendedores precisam de vender; são uma grande parte daquilo que as pessoas escolhem comprar.

Ao longo da sua vida, vá analisando as compras que fez – produtos e serviços – e pense em quem lhos vendeu.

Os vendedores sabiam mais acerca dos seus produtos e serviços? Estariam capazes de especificar todas as razões pelas quais os produtos deles eram superiores? Aliás, até que ponto é que lhe conseguiram vender alguma coisa?

Em retrospectiva, e talvez salvo algumas excepções, não comprou às pessoas de quem gostava e não deixou de comprar aos de quem não gostava?

E de que é que gostava? Do seu autocontrolo, da sua inteligência, do seu poder de persuasão? Era a cabeça deles que comprava?

Muitas vezes, comprou-lhes os "corações e as almas". Comprou-os a eles e à sua energia: o seu entusiasmo e simpatia. Sem se aperceber, comprou-lhes o amor pela vida e pelas pessoas. Comprou-lhes a eles porque gostava da sua companhia. Arrependeu-se pelo mesmo motivo.

E continua a fazê-lo.

O que é que isto lhe diz sobre motivação e inspiração? Não é aquilo de que precisa para se levantar todas as manhãs e fazer todas aquelas chamadas, ou para seguir em frente quando o negócio não corre bem. Em grande medida, *é aquilo que está a vender*.

Quando se vende a si próprio, está a vender o seu espírito.

A VIDA É AQUILO QUE FAZ DELA?

O sentimento de que a vida é aquilo que faz dela leva-o a controlar quase tudo. Mas não pode. Não pode controlar um mau chefe, o condutor aos berros na rua a seguir ou a chuva que destrói a colheita da época.

Não pode controlar a sua vida, mas pode controlar as suas respostas. Para estabelecer um paralelo, o segredo para uma tacada perfeita de golfe não é agarrar no taco com mais força. Surpreendentemente, Gerald McCullagh, um dos melhores instrutores de golfe dos EUA, aconselha os seus alunos a "agarrarem no taco como se estivessem a agarrar num pássaro bebé". Uma bola de golfe vai mais longe quando a deixa ir.

(Claro que *não pode* deixar ir, mas isso fica para outro livro).

(112) Você, L.^{da}

Se insiste em controlar coisas que não pode controlar, vai continuar a agarrar com mais força até partir qualquer coisa. Mas se se concentrar em algo que pode controlar, a sua vida pode mudar, literalmente, do dia para a noite.

> A vida não é o que você faz dela. É como a aceita.

FAÇA-SE SENTIR DESCONFORTÁVEL

Os atletas aprendem que "é preciso sofrer para evoluir".

O filósofo Friedrich Nietzsche aprendeu uma lição semelhante que expressou numa linguagem diferente. "Aquilo que não me destrói, torna-me mais forte."

Houve quem observasse a sabedoria implícita nesta frase e a tivesse traduzido por "uma crise é apenas uma oportunidade" ou, uma ideia com ela relacionada, "um fracasso é apenas um sucesso, cujos pormenores ainda têm de ser revelados".

Para onde quer que olhe, a dor é o caminho para o prazer e o desconforto o caminho para algo mais enriquecedor.

Faça-se sentir desconfortável. Faça a chamada imprevista que não quer fazer, enfrente um colaborador que você teme.

Procure conforto e será relegado para segundo plano e nunca irá alcançar o que pretendia.

> A primeira regra: faça-se sentir desconfortável.

MAS EU SINTO-ME DESCONFORTÁVEL

Ainda bem.

O que é que o conforto nos traz?

No mundo das ideias e da inovação, existe uma ideia semelhante. Periodicamente dizemos que, se uma ideia não nos faz pelo menos sentir um pouco desconfortáveis, não é uma ideia.

Nós, autores de livros de negócios, jogamos com este conceito. Escrevemos livros que têm tendência para reafirmar o que já se sabe e o que se acha que já se fez. Os nossos livros, que parecem dar-lhe uma palmadinha nas costas, diz Atta Girl, descontraem-no.

Você gosta. Nós também; gostamos de ouvir dizer que temos sempre razão. *Mas*.

Temos tendência para aplicar a sabedoria convencional, o que nos faz sentir bem – durante algum tempo. Mas é fácil perceber que a sabedoria convencional produz resultados convencionais e ambicionamos mais. Para alcançarmos mais, temos de seguir um caminho ligeiramente diferente. Temos de nos esticar – um pouco, primeiro, depois um pouco mais.

Um pouco de desconforto é bom. Muito é geralmente ainda melhor.

> Continue.

NÃO É FÁCIL A IDEIA GERAL?

Sete passos fáceis para alcançar a sua independência económica.

Sete dias para emagrecer nas coxas.

Sete movimentos fáceis para baixar a sua pontuação no golfe.

Tem graça lermos estes títulos todos os dias.

A razão para os lermos recorrentemente deve-se ao facto de a independência, as coxas magras e a pontuação baixa do golfe continuarem a iludir-nos. Iludem-nos, porque estes passos fáceis não resultam. Só nos levam ao passo fácil seguinte e ao próximo.

Ou seja, fazem-no até nos tornarmos razoáveis e percebermos que talvez os passos difíceis resultem melhor. Lembramo-nos da mensagem valiosa de M. Scott Peck em *O Caminho Menos Percorrido* – de que a percepção de que a vida é difícil é um sinal indispensável de saúde mental.

Pode tentar viver na convicção oposta e ambicionar não só uma vida fácil, mas uma vida em que todas as coisas que valem a pena surgem facilmente. Mas nada que valha a pena acontece facilmente.

Os meios esforços não produzem meios resultados. Não produzem resultado algum. O trabalho – o trabalho árduo, o trabalho contínuo – é o único caminho importante que resulta.

> Insista. Se doer, ainda bem.

(114) Você, L.^{da}

MAIS UMA VEZ

Se nada mudar, nada muda.

Qualquer conselho que encontrar aqui deverá ser mais útil do que levá-lo apenas a acenar com a cabeça. Deverá encorajá-lo a fazer uma coisa diferente todos os dias e a seguir no próximo e no seguinte.

Escolha uma coisa daqui: uma qualquer. Depois faça-a.

> Se alguma coisa mudar, alguma coisa mudará para si.

ESCOLHA OS PONTOS, NÃO AS LINHAS

A história dos computadores sofreu uma mudança provocada por uma aula de arte.

Numa circular endereçada aos licenciados de Stanford na Primavera de 2005 e amplamente divulgada, o CEO da Apple, Steve Jobs, falou sobre "ligar os pontos". Explicou-o, recordando os seus estudos na Universidade de Reed em Portland, Estado do Oregon. Durante meses, depois de ter chegado, continuou a reparar nas dezenas de cartazes com boa apresentação a promoverem tudo e mais alguma coisa: seminários, recitais, peças de teatro.

Ficou com curiosidade.

Em pouco tempo, obteve a explicação para a profusão dos bonitos cartazes. Um dos maiores calígrafos do mundo, Lloyd Reynolds, leccionava em Reed e influenciou toda uma geração de calígrafos. Além de curioso ficou fascinado e, sem outro motivo, Jobs inscreveu-se numa aula de caligrafia.

Passaram-se mais de 20 anos. Apercebemo-nos da influência de Lloyd Reynolds e dessa aula em todo o computador, especialmente no excelente estilo da letra e nas suas *nuances* – ajuste de espaços, espaçamento de letras, espaçamento de linhas, serifas. Constatámo-lo primeiro nos antigos programas de processamento de texto da Apple e actualmente constatamo-lo por toda a parte (excepto, claro, em memorandos que recebemos dos poucos resistentes que ainda escrevem tudo no tipo de letra por defeito, Helvetica).

Jobs decidiu ter uma aula de arte e o computador foi alterado por causa dela. Ele nunca poderia ter previsto esta ligação importante. Simplesmente aconteceu.

Não sabia onde as suas aulas o iriam levar, mas não perguntou: "O que é que isto pode fazer por mim?" Em vez disso, foi atrás da sua curiosidade e da sua paixão. Escolheu o ponto. Muitas vezes não consegue ver as linhas, mas não pode deixar de ver os pontos. Os seus pontos, tal como os de Steve Jobs, são os seus interesses, até as suas paixões. Siga-os e um dia irão formar uma linha que o ligarão a qualquer coisa fantástica.

> Escolha os pontos.

O PROBLEMA DO DINHEIRO (ALÉM DE NÃO TER O SUFICIENTE)

Há 30 anos, um amigo meu estava a estudar quais as indústrias com maior probalidade de ter sucesso no futuro e decidiu-se pelo que seria o trabalho da sua vida. Queria fazer muito dinheiro e esta indústria em "alta" parecia que ia dar dinheiro, e muito.

Havia apenas um problema. É evidente – foi inclusivamente demonstrado – que nenhuma quantia de dinheiro é suficiente.

Isto foi sugerido num artigo fascinante da *Newsweek*, em 1994. Uma equipa de jornalistas resolveu descobrir quem se sentia realmente rico nos EUA. E com que quantia de dinheiro é que alguém era rico.

A primeira pessoa que entrevistaram ganhava 40 mil dólares por ano. Era rico? Respondeu que não. Com que quantia é que se consideraria rico? Com o dobro, disse ele. Seria rico se ganhasse 80 mil dólares.

Considerando que o número 80 mil podia ser uma média de riqueza bastante consensual, os jornalistas descobriram uma mulher que ganhava exactamente essa quantia. Era rica? Disse que não. Quanto precisava de ganhar para satisfazer as suas necessidades?

Novamente a mesma resposta: o dobro.

Descobriram então alguém que ganhava exactamente o dobro, 160 mil dólares. Colocaram a mesma pergunta e receberam as mesmas respostas. "Não" e "O dobro do que ganho".

Continuaram o inquérito, até que finalmente desistiram, quando descobriram alguém que ganhava mais de 650 mil dólares e que – como já deve ter adivinhado – também não se sentia rico.

(116) Você, L.ᵈᵃ

Pode encontrar um anel de latão e percebe que não passa de latão. Volta atrás, para encontrar um melhor. Pega noutro e percebe que é menos do que esperava. Poderá acabar por aprender a deixar de procurar mais.

Porquê esperar? Porquê sofrer o que aconteceu a este amigo? Num determinado momento, o seu trabalho valia 16 mil dólares. Parecia ainda mais miserável nessa altura. Não só achava que os 16 mil dólares eram muito menos do que queria, como de repente tinha muito mais a perder. Não se sentia realizado com o que tinha e estava aterrorizado com a ideia de o poder perder.

Esta história agrava-se. Perdeu tudo. Era uma indústria em "alta", mas ele não trepou por ela acima.

> Seja qual for a resposta para si, a questão não é dinheiro.

DESPEDIR, SER DESPEDIDO E OUTROS ACONTECIMENTOS DIVERTIDOS

Uma vez um amigo meu escolheu seguir uma carreira com base num artigo do *USA Today*. (Só isto já parece loucura, não é?)

O artigo encontrava-se entre aqueles milhares de artigos que aparecem a anunciar "As Dez Carreiras Em Alta para a Década" ou qualquer coisa semelhante. Ao fazer esta escolha, fazia lembrar aquelas pessoas que escolhem ir para Direito porque lhes soa prestigiante, para Publicidade porque soa chique, ou para uma empresa de Silicon Valley porque os seus escritórios "parecem ser tão engraçados".

Nestes e em casos idênticos, segue-se um padrão. A realidade impõe-se. Você fica a saber que o emprego, a empresa, a manchete, ou talvez todos, não eram o que pareciam ser. O seu desempenho, que nunca foi excepcional, pois o emprego não o satisfazia, entra em declínio.

Uma dia à tarde, o seu telefone toca. "Pode vir ao meu gabinete, por favor?"

Despedido, dispensado, redução de efectivos.

É um dos momentos mais desagradáveis da vida – ou pelo menos parece. Mas enquanto agoniza com o aparente insulto de o despedirem, sente um peso sair-lhe de cima. Percebe que se afastou de um sítio ao qual não pertence e que vai na direcção de um sítio a que pertence.

6 | Cabeleiras voadoras, cobras e demónios: atitudes e crenças (117)

Um dia, provavelmente em muitos outros dias, vai ter de dizer: "Venha ao meu gabinete, por favor". Só os sádicos e os tiranos é que sentem prazer numa situação destas e poucos deles lêem este tipo de livros. Por isso vai sentir-se mal e sentir que deve sentir-se mal.

Não tem importância. Faça-o *na mesma*. Ninguém beneficia quando alguém está no sítio errado. Não está a fazer o que sabe fazer melhor e irá sentir-se sempre vazio.

Por isso, pense que o que está a fazer é um mal necessário que lhe diz: "O Dave tem que se ir embora". Faça-o pelo Dave. É a melhor coisa terrível que lhe pode acontecer.

O que parece ser um empurrão pela porta fora é, na realidade, um simpático impulso para andar três passos em frente.

É bom. Talvez até fantástico.

UM CLÁSSICO DOS NEGÓCIOS

Há 11 anos, um colunista pediu a 20 homens e mulheres de sucesso que liam bastante que nomeassem o melhor livro de negócios que tinham lido.

Uma das pessoas tinha uma livraria com uma colecção criteriosamente seleccionada de livros de negócios. Tudo no proprietário irradiava "rato de biblioteca" – os seus óculos de coruja, a sua testa alta e a sua tez pálida. Era óbvio que lera centenas de livros de negócios, talvez todos os livros da sua colecção.

Parecia ser a pessoa ideal a quem colocar a pergunta.

O proprietário começou a citar num tom confidencial os "livros com notas de rodapé" – os livros sérios, cheios de documentação e *case studies*. Referiu quatro. A seguir parou.

"Mas o meu favorito", disse ele, "e um que julgo ser indispensável no mundo dos negócios, está aqui atrás".

Passou com o entrevistador pela secção de Filosofia e de História e chegou a uma pequena prateleira de livros. O proprietário tirou a sua escolha da prateleira.

A Pequena Máquina Que Podia*.

---

* **N. T.** Uma história para crianças com uma moral, que surgiu nos EUA. O livro é utilizado para ensinar às crianças o valor do optimismo. Alguns críticos defendem que o livro é uma metáfora para o sonho americano. O título original é *The Little Engine That Could*.

(118) Você, L.^{da}

O entrevistador abafou um riso. Para ele, o mundo dos negócios parecia ser uma coisa diferente. Ainda estava convencido de que processos, informação, sistemas e técnicas é que levavam ao sucesso do negócio. Mas tarde percebeu que tudo aquilo tinha os seus lugares no mundo dos negócios, mas apenas lugares.

Também *A Pequena Máquina Que Podia*. "Pense que consegue" é um bom conselho, mesmo que se tenha tornado tão comum que pareça vulgar.

Um excelente artista sujeitou-se a coisas bizarras, com o objectivo de ser adoptado pelos norte-americanos numa altura em que poucos afro-americanos o eram. Mais tarde disse ao mundo que fora apenas a sua crença que permitira que tivesse sido bem sucedido. Efectivamente, Sammy Davis Jr. viveu esta crença tão intensamente que quando pôs a sua vida em palavras, resumiu-a, dando-lhe este título:

Sim, Eu Posso!

O proprietário da livraria, Colin Powell, Bill Parcells, Sammy Davis Jr., o autor da *Pequena Máquina* e o compositor de letras para canções, que escreveu "Esperanças Elevadas" sobre uma formiga que insistia em conseguir mover uma folha de árvore da borracha – todas estas pessoas deram conselhos intemporais.

Se tiver sorte, terá gozado do privilégio que um de nós valorizava: a fé da nossa mãe. Era sua a voz que murmurava *acredita*, quando a esperança parecia ter desaparecido. É uma voz que esperamos que ouça também – nem que seja apenas a sua.

Acredite.

O REI DA CONFIANÇA

Hayward Field já tivera dias bons, mas naquele estava a superar tudo.

Era o segundo dia dos campeonatos de decatlo dos EUA, em Hayward Field, Eugene, no Estado do Oregon. Naquela tarde, o ruído do sempre entusiástico público de Eugene atingia vários decibéis acima do costume.

Bruce Jenner estava lançado no caminho de um recorde mundial.

Jenner ainda estava a recuperar o fôlego da primeira modalidade do dia, a sexta das dez do decatlo, quando passou a uma distância relativamente perto de três espectadores que se encontravam junto à pista. Um deles não resistiu gritar-lhe a pergunta que todos os fãs gostariam de fazer:

"Bruce, quais são as suas hipóteses de bater o recorde?"

Esses três rapazes, hoje em dia homens, ainda se lembram onde Jenner ia a andar e do olhar de total confiança estampado no seu rosto, quando lhes respondeu, gritando-lhes, quase instantaneamente:

"Cem POR CENTO!"

Se, tal como sugerem muitos locutores de programas desportivos, houver realmente "110 por cento" de qualquer coisa, Jenner transmitiu toda essa confiança. Ele sabia e podia prever o resultado. E a seguir, nas quatro modalidades seguintes, bateu o recorde.

Nos momentos em que a dúvida se instala na sua cabeça ao lado da convicção, lembre-se de Bruce. Ele faz-nos pensar num dos nossos grandes poderes:

> Vale a pena repetir: acredite.

O PODER DE PETER

Vinte e três anos depois. Harry acabava de encontrar-se com um amigo de infância que estava em Mineápolis em negócios.

Estávamos a pôr 20 anos em dia e, como qualquer irmão mais novo, ele abordou o tema do seu irmão mais velho, Peter. Peter não estava apenas a viver em Nova Iorque, estava também a viver de acordo com a cidade: bem. Tinha uma casa no meio das árvores, perto da linha de comboio em Connecticut, e uma lista de clientes que apareciam nas capas da *Fortune* e da *Forbes*.

É mais do que sabido que qualquer irmão que chega mais longe do que nós é uma fraude. Por isso, a rivalidade entre irmãos explica o que estava por detrás do comentário do meu velho amigo, quando se propôs explicar o sucesso de Peter.

Lembro-me das suas exactas palavras:

"Sabes uma coisa pela qual eu nunca teria dado um tostão quando entrei no mundo dos negócios", disse ele, "mas que parece valer milhões?"

A minha reacção imediata foi lembrar-me das figuras da Lladro*, por um lado, e dos *piercings* na língua, por outro. Não me ocorreu mais nada. Ele deu a resposta.

"Confiança. O Peter transmite confiança."

---

* **N. T.** Empresa espanhola que produz figuras de porcelana de grande qualidade.

Não precisava de mo ter dito. Não via o Peter desde o início da década de 1970, mas transmitia tanta segurança que se tornara o meu exemplo de confiança. Recordo-me da primeira vez que disse a um vendedor "Fique com o troco". Estava a apropriar-me das palavras exactas e do tom com que o Peter as usou quando, com 13 anos, de regresso a casa, obrigou um caixa numa feira regional a ficar com o troco.

"O Peter acredita e os seus clientes agem como se não tivessem outra alternativa senão concordar com ele. Nunca tem apenas confiança em si próprio; ele tem a certeza."

Tal como declarou outro atleta na véspera de um jogo no qual a sua equipa parecia ter um adversário superior, "é preciso acreditar". Todos os dias se vêem exemplos do Princípio de Colin Powell, provavelmente palavras criadas por ele:

A crença é uma força multiplicadora.

Os potenciais clientes raramente se sentem seguros. A maioria dos compradores tem medo e dúvidas, como a expressão "remorso de comprador" nos sugere. Como é que os compradores não se acautelam?

Não podem. A sua confiança conforta-os e a falta dela pode fazer aumentar os seus receios.

Sim, "con"* vem de confiança. A confiança pode enganar as pessoas, o que só demonstra que tem um grande poder. Por isso, sim, pode abusar-se da confiança; não sentimos necessidade de o avisar para ter cuidado com isso.

Mas tenha também cuidado com o poder da sua falta de confiança. Se não consegue transmitir confiança naquilo que oferece, considere mudar o que está a oferecer, seja o que for.

Lembre-se do Peter.

CONFIANÇA E GRANDEZA

Se um ser humano estiver exposto a dez mil palavras por dia – o número real pode ser muito superior – alguém que tenha ouvido as palavras de Kenneth Clark já leu ou ouviu mais de 80 mil milhões de palavras depois de ter ouvido as dele.

---

* **N. T.** Em inglês, chama-se *con artist* a um charlatão.

De todos os 80 mil milhões de palavras, são as dele que ainda permanecem na memória.

Foram proferidas há 35 anos, na 13ª noite de um acontecimento importante na televisão, as últimas emissões da série *Civilização* que foram para o ar na PBS*. Durante 13 semanas, começando com "A Pele dos Nossos Dentes" e terminando com "Materialismo Heróico", Clark avaliou as grandes obras de arte da civilização ocidental. Certamente que Clark, no auge da sua energia e após décadas de estudo, foi adquirindo fortes convicções acerca daquilo que fez prosperar as pessoas e as suas culturas.

Talvez surpreendentemente para muitos, Clark disse que ficara impressionado com tanta energia. É óbvio que não era *essa* a resposta que queríamos ouvir. No entanto, lá está você a ouvir novamente as palavras de Clark, que repercutem as palavras de outros historiadores que estudaram séculos de comportamento humano.

"Este programa está repleto de obras geniais. Não podemos ignorá-las", disse ele. "De certeza que isto nos leva a ter confiança em nós próprios."

"Disse ao início que, mais do qualquer outra coisa, é a falta de confiança que destrói uma civilização. Destruímo-nos a nós próprios por cepticismo e desilusão, com a eficácia de uma bomba."

A confiança, insistiu Clark, alimenta a própria vida.

A crença é importante; a sua crença é importante. Se reconhecermos que os conhecimentos de Clark são o resultado de décadas de investigação, talvez devêssemos concluir que a crença é mais importante do que imagináramos.

Lembre-se de Kenneth Clark.

VÁ PARA DENTRO

Evolui na sua profissão quando evolui na vida. O negócio e a ascendência pessoal têm a mesma origem e o sucesso a longo prazo é o resultado de uma ascendência a longo prazo.

---

* **N. T.** Public Broadcasting Service, cadeia de televisão norte-americana.

(122) Você, L.ᵈᵃ

Admitimos que lá dentro é uma selva. Cobras e demónios – espere, *você* vai lá para dentro. Nós ficamos aqui.
Está bem, vamos tentar. Você também o devia fazer.

> Vá para dentro.

AQUELES QUE SE RIEM

A vida dá-nos uma boa razão para nos rirmos das oportunidades que nos surgem:
Afinal de contas, ninguém sai daqui vivo.
Há uma expressão para aqueles que vivem intensamente, com paixão e humor: entusiasmo. É extremamente irresistível para os outros.
Os italianos também dão um valor especial àqueles que ignoram o peso das dificuldades da vida e que vivem as suas alegrias. Chamam *sprezzatura* a essa qualidade, cuja tradução não muito perfeita para português é descontracção. No seu famoso livro de auto-ajuda do Renascimento, *O Cortesão*, Castiglione afirmou que *sprezzatura* é a característica dos que têm sucesso – no caso dele, aquele que consegue ter a aprovação dos membros da Corte.
No entanto, muito poucas mulheres se sentem descontraídas com a sua falta de cabelo. A primeira olhadela ao espelho não lhes inspira um sentimento de *sprezzatura*. Sansão sentiu-se enfraquecido quando ficou sem cabelo, mas Dalila sem o seu ter-se-ia sentido nua.
Sentindo-se ligeiramente nua numa tarde de Abril de 1995, uma mãe careca foi com o marido e dois filhos a Scottsdale, no Estado do Arizona. Felizmente, a cidade acolhia nessa altura um torneio importante de golfe para seniores da Professional Golf Association, chamado Tradição. Sair para a luz do sol e ver os seus jogadores de golfe preferidos pareceu-lhe a compensação perfeita de quatro meses de quimioterapia e olhadelas diárias ao espelho.
O primeiro dia do acontecimento resplandecia ao clássico estilo do Arizona: claro, seco, quente – e ventoso. Os quatro fizeram o percurso, desceram até ao terceiro *tee** e posicionaram-se no sítio certo.
Passados uns minutos, três dos seus jogadores de golfe preferidos chegaram ao *tee*: Jack Nicklaus, Raymond Floyd e Tom Weiskopf.

---

* **N. T.** Local em que é dada a primeira tacada em cada buraco. Também é o nome do pino de plástico que sustenta a bola na primeira tacada.

6 | Cabeleiras voadoras, cobras e demónios: atitudes e crenças

No momento em que chegaram, chegou também um vento forte, que se levantara mesmo atrás deles. O chapéu da senhora voou, algo que ela podia suportar bem. Infelizmente, também lhe levou a peruca, que foi parar à frente do *tee*, a um metro e meio dos jogadores de golfe.

Os percursos dos campos de golfe têm fama de ser sossegados, claro, mas a história do golfe nunca deve ter presenciado um silêncio tão completo. Cerca de mil homens e mulheres calaram-se e ficaram de olhos esbugalhados. O termo "mortificados" é perfeito. No *rigor mortis*, o corpo fica rígido e o dela ficou.

Aparentemente, os corpos dos membros da galeria também ficaram. Como as testemunhas de um choque de automóveis, ficaram todos de boca aberta, mas ninguém se mexeu.

A senhora respirou fundo e o seu corpo finalmente relaxou. Baixou-se para passar por baixo das cordas e correu na diagonal em direcção ao *tee* e ao cabelo que perdera. Quando finalmente chegou, agachou-se, apanhou o chapéu e a cabeleira e voltou-se para os jogadores de golfe.

Sem saber como, saíram-lhe estas palavras:

"Meus senhores, decididamente o vento está a soprar da direita para a esquerda!"

Disseram que as gargalhadas se ouviram no *clubhouse*, a um quilómetro de distância.

Este incidente demonstra-nos que a vida continua. As dificuldades vêm, mas também vão e não há nada como o humor para fazer com que os cumes das montanhas pareçam mais bonitos ou os seus vales mais suportáveis.

> Aquele ou aquela que ri, sobrevive.

COMPARAÇÃO COM OS OUTROS

É uma perda de tempo.

Quando vê alguém, vê apenas a parte do icebergue acima do nível da água. Por baixo, aquele com quem se compara parece-se com todos nós: é falível, tem defeitos, é provável que se sinta desesperadamente não realizado. Está a comparar alguém que conhece – você – com alguém que apenas conhece em parte: o que essa pessoa revela ao mundo.

Para mais, você nunca pode ser ela.

Uma noite, no seu *Tonight Show*, Johnny Carson entrevistou Alex Karras. tinha sido uma estrela do futebol, atacante do Detroit Lions. Na altura da

(124) Você, L.ᵈᵃ

entrevista, Karras era estrela de cinema e construiu uma presença inesquecível em palco: era espirituoso, aparentemente calmo e sentia-se bem à frente das câmaras. Tal como a maior parte da audiência, nessa noite Carson estava impressionado.

"Alex, o que faz para ter um ar tão descontraído?"

Karras disse que era fácil. "Não há ninguém que me impressione muito. As pessoas são apenas pessoas", disse ele. "Já estive em muitos balneários e já vi muitas pessoas nuas."

"É difícil olhar para alguém como se fosse um deus depois de o ter visto nu no duche."

Concentre-se nas coisas positivas.
Se não resultar, pense naqueles homens nus no duche.

SEJA VOCÊ MESMO
(NÃO TEM OUTRA ALTERNATIVA!)

Já ouvimos esta frase. Mas, tal como a maior parte das frases, compreender a sua lógica incita-nos a considerar o seu conselho.

Seja você mesmo, mas por uma razão muito simples: não tem outra alternativa.

Não pode ser outra pessoa. Pode apenas imaginar que é. Contudo, o problema em imaginar é que só encontra dois tipos de pessoas na Terra. Os que se apercebem da armadilha e os que não se apercebem.

Os que se apercebem, duvidam da personalidade e da integridade da pessoa e a seguir afastam-se dela. Na melhor das hipóteses suportam-na, mas nunca a aceitam, pois não o podem fazer. Não se apresentou como uma pessoa autêntica que eles possam aceitar; a verdadeira, que eles poderiam aceitar, esconde-se por detrás da máscara.

O segundo grupo, pequeno, se não ínfimo, cai na armadilha. Por uma simples razão: são imbecis – literalmente, pessoas que se deixam enganar. Mas os que se deixam enganar uma vez deixam-se enganar várias vezes. São caprichosos e não inspiram confiança – precisamente aqueles que quer evitar.

Seja você mesmo. É mais fácil ser lembrado por isso e resulta muito melhor.

(7)
Sexo (finalmente) e outros assuntos importantes: tácticas e hábitos

Neste capítulo irá aprender:

- dicas que o ajudam a relacionar-se melhor com os outros
- técnicas para melhorar o seu desempenho profissional

(126) Você, L.ᵈᵃ

O PODER DAS COISAS PEQUENAS

Julgamos que as pessoas são racionais.

É o que leva muitos jovens *copywriters* a inventar anúncios que enumeram todas as características e vantagens de um produto e depois convidam os leitores: "Compare!"

A nossa convicção de que as pessoas funcionam racionalmente leva-nos a apresentar-lhes casos racionais. Mas será que as pessoas são realmente racionais?

No ano de 1989, Brian, um jovem publicitário, completou uma imersão intensiva de cinco anos no mundo da medicina cardíaca – mais especificamente, no mundo dos *pacemakers* e dos desfibriladores. Brian sabia distinguir uma bradicardia de uma taquicardia, sabia ler um electrocardiograma e conhecia toda uma série de problemas e soluções de *pacemakers* com uma única câmara e *pacemakers* fisiologicamente mais avançados. Ganhou prémios importantes em campanhas publicitárias.

Além disso, Brian tinha uma credencial única no seu ramo: como ex-advogado na área de danos pessoais e com uma família de enfermeiros e médicos, vivera a maior parte da vida influenciado pela medicina.

Um dia em Outubro, recebeu uma chamada de Craig, um amigo que estava a trabalhar temporariamente como director de *marketing* numa empresa local, líder de mercado, na área dos dispositivos cardíacos. Craig interrogou-se se o jovem publicitário o poderia ajudar.

A reacção imediata de Brian foi: "Fale-me de coisas concretas!" Tinha trabalhado com a Medtronic, com a Eli Lilly e a Boston Scientific. Ganhara prémios e dominava a linguagem. E já conhecia Craig, que, ao que parecia, tinha uma excelente impressão sua.

Já deve ter adivinhado o fim. Brian não foi além da primeira carta que enviou a Craig. A pergunta óbvia que se coloca é porquê e a resposta estava naquela carta.

Na sua carta, Brian resumia a sua biografia. Parecia boa de mais para ser verdade. Cheio de confiança, remeteu apressadamente o envelope para o seu futuro cliente.

E ficou à espera.

Passados três dias, telefonou a Craig. Convicto de que este ficara deslumbrado, Brian perguntou-lhe se tinha recebido o envelope. Tinha. "E o que acha?", perguntou Brian ansioso pela resposta – que, acreditava, seria uma mistura de admiração e elogios.

As suas primeiras palavras foram: "Havia gralhas, da primeira à última linha."

7 | Sexo (finalmente) e outros assuntos importantes: tácticas e hábitos (127)

Era isso. Isso e a notícia de que estavam a considerar outros candidatos. Racionalmente, como é que Craig podia rejeitar o candidato mais qualificado numa área de mil quilómetros, talvez mais? Porque não somos totalmente racionais. Se fôssemos, muitos dos que possuem o cartão American Express mudariam para o Visa. O argumento racional para se ter um Visa é decisivo, mas nunca mais nos decidimos, pois o argumento emocional para termos o American Express – o seu "prestígio" – convence milhões.

Há aqui algo que convém reter: *Não somos totalmente racionais*.

Mas o que mais interessa reter tem que ver com o poder dos pormenores. Com tantas opções, os seus potenciais clientes não conseguem decidir facilmente.

O que leva a uma regra fundamental no mundo dos negócios modernos: *Quanto mais idênticas parecem duas opções, mais importantes são as diferenças*. As pessoas precisam de justificar as suas decisões. Também temos tendência para tirar demasiadas conclusões de informação a menos, como acontece com os estereótipos. As coisas mais ínfimas têm importância – na realidade, hoje em dia, têm mais importância do que nunca.

Não são racionais, mas não interessa.

> As pessoas não são racionais. Escolhem o pequeno em vez do enorme; preocupe-se com as coisas pequenas.

A SUA MAIOR DÍVIDA

Ela veio ter consigo. Ela é sua cliente.

Pagou-lhe as férias, os CD e talvez muito mais.

Tolerou os seus erros (mais do que imagina).

Arriscou o seu dinheiro, reputação, paz de espírito e talvez o seu prestígio no trabalho. Talvez tenha até arriscado todo o negócio.

Sorriu perante o pior, riu perante o melhor e recomendou-o a outros.

E agora você pergunta-se: "Devo ligar-lhe?"

"Devo sentir-me em dívida?"

"Devo transmitir-lhe este sentimento? E, em caso afirmativo, com que frequência?"

Não existe demasiada gratidão nem demasiado apreço.

Apesar de tudo o que passou, você nunca lhe poderá agradecer o suficiente. E poucos o fazem.

Você ouve a frase: "Nunca lhe vou poder agradecer o suficiente." Mais uma vez, contém uma verdade básica: *Não lhes pode agradecer o suficiente*.

> Quantos cartões de agradecimentos enviou no ano passado? Este ano, envie o dobro.

AGRADEÇA DE FORMA INESQUECÍVEL

A lealdade do cliente tornou-se uma *buzzword* na última década mas, embora todos a digam, é-lhe dada pouca evidência.

Não se sente lealdade para com as empresas. Sente-se lealdade para com as pessoas.

Se quiser que sintam por si uma lealdade especial, tem de agradecer de uma maneira especial, como demonstra outra experiência de Christine:

No dia 19 de Dezembro de 1994 o meu telefone tocou. Reconheci a voz e senti imediatamente uma facada no peito. Era a voz do meu médico.

"Cancro."

A seguir, quatro palavras que soaram ainda pior. "Temos de operar imediatamente."

Fui operada na véspera de Ano Novo. Felizmente, segundo o médico, fui operada a tempo; o prognóstico era bom. Quando regressei a casa três dias depois, entrei na cozinha e tive uma visão inesquecível: um monte de cartas com mais de 20 centímetros de altura.

Quando estava a verificar o correio, houve duas cartas que me chamaram imediatamente a atenção.

A primeira era de uma cadeia de hotéis importante. Estava com sorte, dizia a carta, alheia à ironia. Tinha alcançado um estatuto especial no programa de cliente assíduo. À semelhança de outros beneficiários destes programas de fidelidade de clientes, considerei o prémio, apesar de miserável. Qualquer bónus, por mais pequeno que seja, ajuda a suavizar as agruras da vida.

Ao olhar para as minhas ligaduras, e percebendo que não iria viajar muito em 1995, respondi. "Posso adiar este prémio até poder voltar a trabalhar a tempo inteiro em 1996?"

Passadas três semanas, recebi uma carta formal.

7 | Sexo (finalmente) e outros assuntos importantes: tácticas e hábitos (129)

Recebemos o seu pedido para adiar o seu prémio de cliente assíduo. Lamentamos o sucedido, mas acontece, e é-nos impossível adiá-lo.
Contudo, esperamos vê-la em breve.

No entanto, a cadeia de hotéis não seria a única empresa a receber o meu pedido de adiamento por um ano. Na mesma semana, enviei outro para a companhia de aviação da minha cidade, a Northwest Airlines. A resposta chegou quatro semanas depois, numa carta escrita à mão:

Como lhe podemos agradecer por ser um dos nossos melhores clientes? É com prazer que adiamos o seu prémio por um ano. Junto incluímos quatro bilhetes de avião para a levar a si e à sua família para longe do Inverno frio do Minnesota e poder descansar dos tratamentos.
Obrigado pelo seu trabalho, Christine. Vamos sentir a sua falta este ano.

Atentamente,
John Dasburg, CEO

Mr. Dasburg não me conhecia. Sabia que, como habitante da cidade dominada pela sua companhia de aviação – 70 por cento das portas do aeroporto servem os aviões da Northwest – muitas vezes não me restava outra alternativa a não ser esta companhia de aviação. Aparentemente, para ele isso não tinha importância. Premiou-me mesmo assim.
Desde essa altura que o recompenso todos os dias. Será que um dia irei viajar noutra companhia? Só se a Northwest não voar para o meu destino.
Vou contar esta história repetidamente até ao fim da vida? Com entusiasmo e reconhecimento.
John Dasburg agradeceu-me de uma maneira inesquecível. A sua companhia de aviação colhe os prémios da sua lealdade. Ganhou a minha e impressionou outros através da repetição da minha história acerca deles.
A cadeia de hotéis saiu-se menos bem. Apesar de ter omitido aqui o seu nome, falo sempre nela quando alguém pergunta que tal são os seus hotéis. Evito-os.
Uma vítima de cancro fez-lhes um pedido modesto. O que a resposta deles me mostrou, essencialmente, foi que tanto eles como a vida são injustos.

(130) Você, L.ᵈᵃ

A carta do hotel faz-nos pensar que temos de ter cuidado. As más acções acabam quase sempre por ser castigadas e muitas vezes o castigo excede o crime. A cadeia de hotéis perdeu uma dezena de clientes – e um dos seus Membros de Platina – por causa de uma carta que não lhes deu qualquer lucro.

E, claro, seja um John Dasburg – e obrigada, Mr. Dasburg, mais e mais uma vez.

> Agradeça de uma forma inesquecível.

OBRIGADO

Três em cada quatro executivos têm em consideração a resposta de agradecimento dos candidatos quando têm de tomar a decisão de contratar alguém. Aparentemente, a maioria não se apercebe disso. Só um em cada três candidatos considera enviar uma resposta de agradecimento.

Esta situação sugere novamente a sabedoria de a pessoa simplesmente se mostrar. Parece que duas em cada três pessoas não o fazem.

> Agradeça. Não ficará sozinho, mas continuará a sobressair.

O VALOR EGOÍSTA DO "OBRIGADO"

Lembra-se da última vez que agradeceu a alguém?

Como se sentiu nessa altura e nos momentos que se seguiram?

Satisfeito. Sentiu-se satisfeito, porque sentiu reconhecimento. Era o seu reconhecimento, mas este também lhe agrada.

Percorremos a estrada da vida a correr e passamos por cima de buracos. Podemos sentir-nos vencidos, enganados, consternados. A seguir sai-nos uma palavra de agradecimento e ocorre um pequeno milagre: a sensação passa.

> Os agradecimentos também o satisfazem a si.

COMO ESCREVER UM AGRADECIMENTO EFICAZ

Escreva quatro frases à mão. (As notas escritas à mão parecem presentes, pois perde-se tempo a procurar o papel e o envelope, a escrever a nota, a colar o selo e a colocar o papel no envelope.)

Não venda. Já o fez. Se tentar vender, o leitor irá perceber que não está a agradecer. Está apenas a utilizar um agradecimento como pretexto para outra estratégia.

O agradecimento livre de vendas funciona por uma simples razão. Poucos têm a sensatez e a coragem de o fazer. Acham que as pessoas com nível têm de ser "sempre reservadas". Por isso, continuam reservadas.

Os agradecimentos abrem portas a pessoas como você, que sabe precisamente onde parar.

No "muito obrigado".

> Mantenha as suas vendas e os seus agradecimentos separados.

O QUE DIZ O SEU TELEMÓVEL

Você está a gostar do almoço. E a seguir acontece.

O telemóvel do seu companheiro toca.

O que é que o seu companheiro lhe está a transmitir? Que qualquer conversa que possa ter ao telefone é mais importante do que a que está a ter consigo.

Você sabe como isso o faz sentir. Já sabe o que não fazer da próxima vez que for almoçar.

> Nao precisamos de ouvir a sua conversa. Preferimos a nossa.

FAÇA COMO OS CHINESES

Uma visita a Pequim pode deixá-lo com a sensação de que o nosso futuro pode ser mais luminoso.

Instintivamente, ao que parece, os chineses têm consideração pelos outros – a qualidade de estarem conscientes daqueles que os rodeiam e

(132) Você, L.^{da}

do valor de lidar com esses outros anónimos, como se não fossem nada anónimos. (Talvez seja impossível não se ter consciência dos outros na China, uma vez que esses "outros" são mais de 1,5 mil milhões de pessoas.)

Observe alguém em Pequim ao telemóvel e repare numa coisa que nunca vê fazer nos EUA: a mão que a pessoa tem livre a tapar a boca e o bocal do telefone, de maneira a que não se ouça uma palavra do que diz.

Esta atitude leva-o a usufruir daquilo que toda a gente deseja: paz.

> Por favor.

FALAR AO TELEFONE

Uma administradora de uma pequena universidade no Missouri está a travar uma guerra audaz com todos nós.

As armas, que leva consigo para todo o lado, são meia dúzia de besouros de plástico.

Sempre que alguém interrompe o seu sossego falando alto ao telemóvel, ela pega na carteira, tira uma das suas criatura, dirige-se à pessoa e estende-lhe o besouro.

"Para que é isto?", perguntam invariavelmente aqueles a quem ela se dirige, surpreendidos, desconfiados de que lhes está a oferecer um pequeno presente ou talvez um artigo promocional.

"Você está a 'besourar-me'", responde ela.

Falar ao telemóvel para toda a gente ouvir dá a sensação de que não se preocupa com ninguém. Pior ainda, ficam a saber quem você é e qual é o seu negócio.

Como? Porque o seu cartão de visita, com o seu nome proeminentemente à vista, está à mostra na sua pasta, a seu lado.

P.S. Por mais baixo que falemos ao telefone, é sempre demasiado alto.

> Mantenha as suas chamadas telefónicas privadas.

NUNCA FAZ CHAMADAS "A FRIO"

Qualquer um para quem telefona sabe, ou pensa que sabe, quem está a ligar.

Possui informação ilimitada acerca de si. A partir dessa informação, faz aquilo que todos fazem repetidamente:

Mais uma vez – nunca é de mais dizê-lo – estereotiparam-no.

A voz que você ouve, ou a pessoa que você vê, não lhe chega de forma indiferente. Tem uma marca.

Antes de fazer a chamada, interrogue-se: Qual será o estereotipo que a pessoa criou acerca de mim?

Qual a maneira mais rápida de o ultrapassar – de uma forma tão drástica, que ela me queira ouvir?

Antes de telefonar, envie-lhe uma carta que a leve a questionar os seus receios. Se ela o classificou como uma pessoa "criativa", por exemplo, provavelmente receia que seja desorganizado, excessivamente independente e com quem é difícil de lidar. Este é o estereótipo "criativo".

Envie-lhe uma carta bem organizada, que elogia um ex-chefe, e mencione as vantagens que teve por ter colaborado com outros.

> Para ultrapassar a chamada "a frio", ultrapasse o estereótipo que o receptor criou.

CONFORTO E ROUPA

É verdade que quando escolhe roupa a sua primeira prioridade deve ser o conforto.

No entanto, o conforto é aquilo que transmite aos outros.

Para perceber isto, pense numa das descobertas surpreendentes das nossas relações de trabalho com o mundo dos negócios. Durante anos, entrevistámos regularmente os clientes dos nossos clientes. Entre outras coisas, queríamos saber por que é que o nosso cliente era especial. Por isso perguntámos: "Por que é que continuam a trabalhar com o nosso cliente?"

A resposta daqueles homens e mulheres, que revelou mais do que todas as outras respostas juntas, consistia numa simples palavra:

Conforto.

"Só me sinto confortável com eles", diziam repetidamente.

(134) Você, L.^{da}

A primeira chave para o sucesso – seja conseguir um emprego, um contrato ou ganhar um aliado – é fazer com que o outro se sinta confortável. A sensação de conforto é transmitida pela primeira impressão.

A sua "embalagem" fornece as dicas e as pistas. Ao escolher a roupa que veste, a primeira coisa que pensa não devia ser impressionar ou fascinar. *Devia ser pôr a outra pessoa à vontade.*

Isso significa que deve rejeitar tudo o que é excessivo. Para os homens, qualquer anel que não seja uma aliança de casamento causa uma sensação de desconforto nos outros. As pulseiras ainda mais. Aquela gravata excêntrica que trazia no dia do seu aniversário? Esqueça-a! Para as mulheres, existe um critério simples relativamente ao que *não* devem vestir: qualquer vestido que leve um verdadeiro amigo a olhá-la dos pés à cabeça e a dizer: "Boa, miúda!"

Sim, está fora de questão.

Vista-se de maneira a que o outro se sinta confortável.

A REGRA DO AI (ALGO INESQUECÍVEL)

Uma carreira de *marketing* remete-nos pelo menos todas as semanas para o poder da simplicidade e para o papel do inesquecível.

Os especialistas em guarda-roupa também aprendem isto. Se vestir uma peça de roupa inesquecível, nunca a use com outra com as mesmas características. Uma gravata arrojada causa um impacto visual poderoso; a combinação dessa mesma gravata com uma *T-shirt* vistosa altera ambas as mensagens e transforma o impacto num grito.

O famoso publicitário David Ogilvy tinha conhecimento disto. Vestia casacos, camisas, sapatos e gravatas conservadores – e suspensórios vermelhos da cor dos carros de bombeiros.

O publicitário menos famoso, mas digno de nota, Lee Lynch também o sabia. Orgulhoso da sua herança irlandesa, o conselho inesquecível de Lee era: qualquer coisa verde – com mais frequência, uma gravata verde.

Uma antiga freira católica que se tornou consultora de mercado descobriu um dia uma coisa importante. Quando soube que uma sua cliente gostava de bolas de basebol e de coisas excêntricas e fora do vulgar, entrou numa loja e descobriu, para seu deleite, uma bola de basebol fora do vulgar. As bolas de basebol convencionais são feitas de pele de vaca branca, cosidas à volta, na parte central, com fio vermelho. Esta era feita de pele de um castanho forte, com pespontos castanhos a condizer.

Comprou-a, fez um embrulho bonito e enviou-a pelo correio para a sua nova cliente.

Iniciava-se uma relação profissional duradoura.

Estaremos a repetir-nos se dissermos que nos lembramos do inesquecível. Mas vale a pena relembrá-lo, numa época em que há tantas empresas com tantas opções – em termos de serviços, produtos, potenciais colaboradores, conselheiros, tudo. Mas como fazer a grande descoberta?

Descubra acessórios visuais inesquecíveis: suspensórios vermelhos, gravatas verdes ou talvez bolas de basebol castanhas.

> Descubra algo inesquecível.

UM FATO MUITO BOM, MUITO ESCURO

Todos os homens e mulheres devem ter um.

Porque nunca fica mal.

Pode comprar a combinação adequada de uma camisa com punho estilo francês, um lenço como acessório, botões de punho, pérolas, um excelente par de sapatos pretos e vesti-lo em qualquer viagem de negócios às cidades onde as pessoas se vestem melhor nos EUA: Nova Iorque e Chicago.

Pode vesti-lo com uma blusa de mangas curtas estampada ou uma *T-shirt* e ficar bem na cidade dos EUA onde as pessoas se vestem mais descontraidamente: Honolulu.

Pode vesti-lo à noite, em acontecimentos importantes e em acontecimentos menos importantes de negócios que, com os acessórios correctos, lhe darão um ar perfeito.

Porquê muito bom e, consequentemente, relativamente caro? Por duas razões: o muito bom assenta-lhe melhor. O muito bom transmite um ar de sucesso, sem parecer que se está a exibir ou que é extravagante.

Em última análise, o que é caro sai mais barato, pois os fatos de bom corte duram mais tempo. Dadas as vezes que pode e deve usar esse fato, é mais barato investir num que dure mais tempo.

> Um fato muito bom.

SAPATOS DE ATACADORES, PRETOS E CAROS

Todos os homens deviam ter um par.

Porque nunca ficam mal. (Em muitas ocasiões e com a maior parte dos fatos, os *mocassins* dão um ar muito descontraído.)

Porque os executivos de topo insistem em calçá-los e levam a sério aqueles que os calçam.

Porque condizem com o fato muito bom e muito escuro que acabou de comprar, e chamam mais a atenção do que um bonito par de sapatos castanho.

Porque os sapatos bem feitos duram mais.

Porque as mulheres reparam nos sapatos e muitas vezes está a tentar seduzir uma mulher.

Porque têm um ar mais sério e muitas vezes quer ser levado a sério.

Porque têm um ar próspero e também o quer ter.

E um par de sapatos muito bons.

POR QUE É QUE AS PASTAS QUE CAUSAM BOA IMPRESSÃO FUNCIONAM

Porque contêm o seu trabalho e as pessoas julgam os livros pelas capas.

Porque dizem: "O meu trabalho é importante para mim."

Porque lhe dão um ar mais organizado e 90 por cento dos potenciais clientes gostam de pessoas bem organizadas.

Uma pasta preta muito boa. (P.S. Também se aplica aos canalizadores: uma caixa de ferramentas cara e sem manchas.)

O PRINCÍPIO DO SISTEMA À PROVA DE FALHAS

Os fãs de cinema e os estudantes de guerra nuclear reconhecem este termo. O filme *Fail Safe – Alerta Nuclear* tornou o termo famoso. O sistema à prova de falhas refere-se aos passos que dá – neste caso, preparar-se para uma guerra nuclear – para se proteger do fracasso.

No caso de Besty Redfern, o sistema à prova de falhas manifesta-se em qualquer um dos muitos dias do ano, quando ela e a sua empresa, a MWH, recebem um cliente que vive fora da cidade. Está previsto o convidado chegar ao grandioso aeroporto de Denver. Os viajantes assíduos identificam imediatamente os problemas possíveis. Você vai ao aeroporto de Denver.

Onde está o seu carro? Não o encontra.

Alguns anfitriões deixam o número de telefone da empresa de aluguer de automóveis aos seus convidados. Outros, mais eficientes, deixam o número de telefone deles e o da empresa de aluguer de automóveis. No entanto, Betsy dá-lhes o seu número de telefone, o do seu escritório, o de sua casa, o da empresa de aluguer de automóveis e os números de telefone de casa e do telemóvel da sua assistente. (No momento em que isto está a ser escrito, Betsy, directora de formação da MWH, está a pensar comprar um segundo telemóvel, para o caso de alguém ligar para os outros números e não conseguir, e de o seu primeiro telemóvel ficar sem bateria.)

É impressionante ver a Betsy em acção. Mas é mais do que isso. *É extremamente tranquilizador*. Você viaja para a maior parte dos sítios do mundo sob uma nuvem de grande ansiedade. Como todos os viajantes sabem, as viagens aéreas pertencem ao universo das Leis de Murphy: se alguma coisa tiver que correr mal, corre mesmo. Repetidamente.

Quando vai de avião a Denver ter com Betsy e com a sua empresa, dorme durante a viagem. Quando escolhe com quem quer trabalhar, escolhe as pessoas com quem a Betsy trabalha, porque ela oferece-lhe algo que falta em tantas coisas na vida: previsibilidade.

> Faça uma cópia de tudo, proteja tudo duplamente, tenha sempre um plano de contingência.

(138) Você, L.ᵈᵃ

ESPERTEZA

Há quase 20 anos, um jovem executivo publicitário apareceu num painel de debate perante um grupo de cem pessoas. Com uma descontracção estudada, puxou da pasta e colocou na mesa à sua frente, para que todos vissem, um objecto fora do vulgar:

Aquilo a que se chamava na altura um "telefone móvel".

É óbvio que o fez para dar um ar da sua importância. Devia ter ido para o meio da audiência e ter visto o que toda a gente viu: um jovem inseguro.

Um gestor de conta de uma agência de publicidade de destaque, sediada em Manhattan, estava em primeiro lugar na lista dos melhores directores comerciais numa empresa listada na *Fortune 200*. A administração convidou representantes de três agências para assistirem a uma reunião de esclarecimento antes de apresentar as estratégias da empresa. A natureza da reunião sugeria apenas o que os anfitriões pretendiam: uma oportunidade para exporem as regras básicas da apresentação e fornecerem toda a informação que cada uma das empresas precisava.

No entanto, este executivo em particular julgava que era esperto. Achou que conseguia dar vantagem à sua agência se impressionasse o cliente. Pelo menos uma vez em cada oito minutos, o executivo teria ocasião – muitas vezes sob grande tensão – de referir o último trabalho da sua agência a vários clientes listados na *Fortune 100*.

Estes potenciais clientes não estavam interessados. Sentiram-se insultados por o executivo achar que os podia enganar. Sentiram-se constrangidos com o homem, que não percebeu as regras daquele compromisso: *Vocês estão aqui para nos ouvir e colocarem perguntas.*

O executivo estava convencido de que as pessoas podem ser enganadas.

Uma outra directora fez uma apresentação para a BIC Corporation. Tinha feito todos os trabalhos de casa. Mas esquecera-se de uma coisa importante:

De uma caneta BIC.

Decorridos sete minutos de apresentação, apercebeu-se do seu erro. Tentou esconder a sua Paper Mate*, mas a tentativa foi demasiado óbvia. Ao disfarçar o problema da sua tentativa fraudulenta, a caneta em falta fez com que não prestasse atenção a uma das perguntas dos potenciais clientes.

Por fim desculpou-se, saiu da sala e voltou com uma BIC na mão. Saiu da sala também com uma caneta BIC – mas sem o contrato da BIC.

---

* **N. T.** Marca de canetas da concorrência.

Consegue enganar algumas pessoas de vez em quando. O único problema é que aquelas que consegue enganar são aquelas com quem não quer trabalhar. Isto acontece em parte porque, se os consegue enganar, qualquer um pode querer fazê-lo.

> Nunca tente enganar ninguém.

ABSOLUTAMENTE A EVITAR

Um ditado antigo incita-nos a nunca discutir religião ou política. Não o faça.

> Nada de política.

OUTRA COISA A EVITAR

Toda a gente crê e reza de formas ligeiramente diferentes. Mas outros sentem-se atraídos por aquilo que descobrem em si e que é semelhante a eles. Quanto mais explorar a sua fé, mais longe consegue ir.

> Ainda a regra: nada de religião.

TAMBÉM NÃO DIGA ISTO

Está numa reunião, quando a Sally se apresenta. Ela está com a Acme.

Nunca pergunte: "O que é que a Acme faz?"

A Acme pode estar a patrocinar o evento e a Sally ficar surpreendida por não saber ou por não ter tido tempo de se informar acerca do que a sua empresa faz.

Ou é apenas uma empresa com uma dimensão razoável, mas mesmo assim ela tem orgulho nela. Ficou magoada por não saber nada acerca deles.

Ou ela é a dona da empresa e tem ainda mais orgulho nisso e sente-se mais magoada ainda.

"Ouvi dizer que tem tido muito sucesso!" Se não for verdade, dizê-lo é um risco por outro motivo: a Acme pode ter baixado 30 por cento no trimestre, algo que saberia se tivesse lido a Secção de Negócios esta semana.

Parece que não o fez, o que o rotula não só de aldrabão, como de desinteressado pelos assuntos.

Mantenha-se fiel ao "Qual é o seu papel aqui?"

SEXO (FINALMENTE!)

Saiu no *New York Times* um artigo sobre executivos que viajam com os seus cônjuges, pois repararam numa tendência popular:

O executivo, normalmente do sexo masculino, leva consigo a mulher na primeira metade de uma viagem de negócios – e a amante na segunda.

O artigo também dizia em que é que os executivos viajantes não reparavam. Que a única coisa que as pessoas da empresa desses executivos admiravam neles era a sua ousadia. Os comentários dos outros, inclusive dos mais liberais e complacentes, sugeriam que podemos perdoar os defeitos dos outros, mas que gostaríamos que os escondessem.

Os comentários também nos levam a pensar: as pessoas têm receio de que aqueles que não cumprem as promessas de casamento também não cumpram outras promessas.

No quarto, sim. Na sala do director, não.

MAIS SEXO

Recentemente ouvimos falar de Emma, que foi ostracizada por um antigo amigo e sócio de negócios. Este sócio disse-lhe que continuaria a relação de amizade que tinha com ela se e quando o processo de divórcio dela chegasse ao fim e ela deixasse de ir jantar com homens enquanto o processo decorria.

Até lá, simplesmente não podia ser seu sócio.

Este indivíduo moralmente correcto estava casado com uma mulher que na altura do primeiro de oito encontros de namoro que tiveram ainda era casada. Enquanto lhe fez a corte, sentiu uma afinidade especial por ela, talvez em parte porque ele tinha algumas coisas em comum com a sua namorada. Também era casado.

No entanto, estava bastante ofendido com o comportamento de Emma – um comportamento idêntico ao dele.

Cuidado. Não são só os puritanos que se ofendem. São também os mulherengos, os imorais, os vigaristas, os libertinos.

A política e a religião são assuntos fatais; o sexo é pior.

> Sexo: Óptimo em teoria, péssimo na prática.

O QUE FAZER PARA ACREDITAREM EM SI

Admita uma fraqueza.
Desarmará a resistência de alguns.
Reforçará qualquer resistência que você colocar.

Alguns investigadores descobriram isto quando verificaram que as referências de emprego que continham pequenas críticas tornavam mais credíveis os elogios contidos nessa mesma referência. A comissão de selecção para a vaga estava mais disposta a entrevistar os candidatos que tinham tido pequenas críticas.

> Admita uma fraqueza.

SEGREDOS

Guarde-os. Proteja-os por aquilo que são: presentes sagrados. São presentes de confiança que lhe são oferecidos para que os guarde.

São-lhe confiados porque ganhou a confiança do seu confidente, a alma de todas as boas relações. Guarde essas confidências e as suas amizades tornar-se-ão mais profundas. Revele-as e aos poucos observará uma revelação incrível: um exemplo vivo de um círculo vicioso.

(142) Você, L.ᵈᵃ

Revela uma confidência. Aquele a quem a revelou fica a saber o segredo e mais qualquer coisa:

Que você não é de confiança. Essa pessoa tem vários amigos chegados e conta-lhes a sua traição. Estes amigos espalham a notícia a outros que, por sua vez, fazem o mesmo.

As traições propagam-se como vírus.

As próprias palavras sugerem qualquer coisa neste contexto. "Confiamos" nas pessoas em quem sentimos "confiança"; ambas as palavras têm a mesma origem. Mas se eu não puder confiar em si, não posso evoluir para uma relação duradoura e os outros ficarão também a sabê-lo.

> Guarde todos os segredos.

ERROS

Admita-os.

Aqueles que admitem os seus próprios erros são considerados pessoas honestas. Passa-se a confiar em tudo o que eles disserem.

Aqueles que consideram que quem nunca admite os seus erros é inseguro e alguém em quem não se pode confiar totalmente.

A alma de uma boa relação é a confiança. Admitir os próprios erros é uma das maneiras mais rápidas de construir uma boa relação.

> Confesse.

FAÇA PELOS OUTROS, NEM QUE SEJA POR MOTIVOS EGOCÊNTRICOS

Há 20 anos, três rapazes partiram em viagem, em busca de fama e riqueza. Nenhum deles voltou.

Todos tinham em comum, além da relação de amizade instável que mantinham uns com os outros, a convicção de que o trabalho árduo combinado com a inteligência um dia lhes abriria caminho para a riqueza. Uma noite, um deles confessou que a "imagem era tudo" e decidiu criar uma.

7 | Sexo (finalmente) e outros assuntos importantes: tácticas e hábitos (143)

Durante a viagem, todos eles fizeram grandes negócios. Ao longo de vários anos, ganharam prémios e o sucesso que tiveram fez com que os outros achassem os seus percursos atraentes. O trio deu também a sensação de que a vida é um jogo de soma nula*; para se receber tem de se tirar. Se o fizer com inteligência suficiente, não será apanhado; enriquecerá. Talvez seguido de outros.

No final, todos aprenderam uma coisa surpreendente.

Ao contrário do que diz a sabedoria convencional, a vida é justa.

Para perceber como isto funciona, pelo menos no caso daqueles que pensam que o sucesso tem de acontecer à custa de outros, pense na descoberta de um grupo de psicólogos que realizaram testes ao longo dos últimos 15 anos.

Nestes testes, chamados "Jogos do Ultimato", são escolhidas duas pessoas para formar uma equipa. Os líderes do teste oferecem a Al cem dólares e a seguinte instrução: Pode dar esta quantia ou menos à sua colega de equipa, Brandy, se quiser. Se o jogador B aceitar a sua oferta, ficam ambos com o dinheiro. Se recusar, nenhum de vocês recebe alguma coisa. Têm de devolver o dinheiro.

A lógica diz que Brandy, que antes não tinha nada, fica satisfeita com seja o que for que Al lhe ofereça. Se Al quiser ficar com 80 dólares e der 20 a Brandy, esta será uma idiota se recusar. Se ela o fizer, perdem tudo. Ela perde 20 dólares.

Mas perder esses 20 dólares é exactamente aquilo que Brandy decide fazer repetidamente. Na realidade, numa série de experiências, Al ofereceu a Brandy uma média de 40 dólares. Mesmo nessa altura, num em cada seis casos Brandy recusou.

Não interessa as vezes que repetimos "a vida não é justa", porque continuamos a insistir que devia ser. Seja onde quer que for que consigamos controlar as consequências, insistimos na justiça.

Exigimos justiça. Castigamos os batoteiros. Pomos em causa aqueles que julgamos terem quebrado as regras.

Os leitores irão sentir-se encorajados a aprender mais alguma coisa com estas experiências. Na maioria dos casos e culturas, Al ofereceu a Brandy um negócio justo: uma divisão de 50-50. Por isso, não só a Brandy exige justiça para si própria, como o Al se preocupa em ser também justo. Depois de anos a ouvir a "Regra de Ouro", parece que as pessoas se preocupam em segui-la.

---

* **N. T.** Situação em que o que é ganho por um é perdido por outro, em que para alguém ganhar é preciso alguém perder, em que o lucro de um significa o prejuízo de outro.

(144) Você, L.^{da}

Estes três rapazes raciocinaram de outra maneira. Pensaram que a vida talvez corresse como em *O Padrinho* ou talvez como, nas suas visões limitadas e imprecisas, funcionaria para Donald Trump. Mas a vida correu-lhes tal como nas experiências do "Jogo do Ultimato". Todos atingiram um nível e depois caíram. Não estava lá ninguém para os apanhar.

Faça bem aos outros e eles retribuirão com o bem. Não o faça e lembre-se dos três rapazes e do que acontece.

> Seja sempre justo. As recompensas surgirão e os castigos são enormes.

COMO CAUSAR UMA EXCELENTE PRIMEIRA IMPRESSÃO

A primeira vez que prometer alguma coisa a alguém, mencione a altura exacta em que vai cumprir a sua promessa.

A seguir, antecipe esse prazo meio dia.

> Diga à tarde, cumpra de manhã.

SOBRE CRITICAR

Alice Roosevelt Longworth ficou famosa pela sua citação que capta a alma de um mexerico.

"Se não consegue dizer uma coisa simpática acerca de alguém", disse ela, "venha sentar-se ao pé de mim".

(Alice também é conhecida por uma observação que fez no dia a seguir ao nascimento do seu primeiro filho, quando tinha 41 anos: "Vou tentar tudo uma vez".)

No entanto, uma coisa em que a Alice não se tornou, foi numa amiga. Muita gente evitava-a completamente, enquanto outros nunca se sentiram suficientemente confortáveis para tentar estabelecer com ela uma relação de amizade. Eram espertos. Sabiam instintivamente que as pessoas que dizem mal dos outros também dizem mal de nós.

Dale Carnegie percebeu isto há décadas. Esforçava-se por falar de uma forma positiva e não crítica, pois sabia que os outros não gostam de ser criticados. Têm receio, baseado na experiência, de que alguém crítico os possa vir a criticar.

E têm razão.

> Realce os aspectos positivos.

A BAJULAÇÃO NÃO O LEVA A LADO ALGUM

A frase acima referida é famosa e verdadeira.

A bajulação costuma falhar e muitas vezes tem o efeito contrário. A bajulação é aquele tipo de elogio que se trai a si próprio.

Muitas pessoas consideram Dale Carnegie o "Padrinho" da bajulação nos negócios. Ao que parece, o seu famoso livro encoraja à bajulação, o que já lhe valeu a inimizade de dezenas de críticos. Os conselhos de Carnegie confirmaram àqueles críticos que o negócio era, tal como muitos filmes conhecidos revelavam, um refúgio para manipuladores, sem excepção de Maquiavel.

Mas o facto de na nossa língua haver tantos sinónimos feios para os falsos lisonjeadores – "lambe-botas" é um dos meus favoritos – sugere a forma negativa como encaramos os elogios falsos.

Na verdade, Carnegie estava a tentar persuadir os seus leitores com algo diferente. Estava a defender uma visão da vida centrada no bem. Carnegie via os aspectos bons nos outros e centrava-se neles. Via pouco interesse em chamar a atenção para os dentes estragados de um homem e parecia reparar menos neles do que na sua cabeleira farta.

Menosprezamos os elogios falsos e as intrigas, mas admiramos os "dadores de conselhos". Achamos que são pessoas simpáticas, optimistas, generosas e seguras.

Procuramos e gostamos de elogiar. Quando elogia alguém, está a dar-lhe um presente.

> Elogie com frequência; nunca bajule.

(146) Você, L.^{da}

JÁ CHEGA DE SER DURÃO

Há 15 anos, um jovem salvador de negócios de topo dos EUA era tão duro e difícil, que o baptizaram com o nome de uma personagem de um filme de terror: Motosserra.

Passados cinco anos, já não era ele que era difícil – o CEO da Sunbeam, Al Dunlop – mas sim o estado a que chegara a sua empresa.

Phil Purcell, que estava na altura a gerir o Morgan Stanley, também agiu de uma forma dura. Agiu de uma forma tão dura que, quando a sua empresa se fundiu com a Dean Witter, muitos duvidaram do novo duo "A Bela e o Monstro". Purcell geriu a fusão das empresas com a sua famosa mão de ferro, mas quando as pessoas sentiram a sua mão – evitaram-no – gestores, corretores, investidores e a seguir, o que mais lhe custou, os clientes da empresa.

Saímos há 70 anos de uma grande guerra. Ao longo de muitos anos depois de ela ter terminado, tomámos como modelo de chefia os homens que saíram endurecidos dessas batalhas. Adoptámos o *slogan* "Quando o exigente se torna difícil, o difícil torna-se exigente".

Mas essa guerra foi travada e ganha, e o mundo dos negócios que em tempos seguiu as suas lições já não é, como nos ensinaram, um campo de batalha. E para muitos, as nossas guerras não são heróicas.

Uma nova geração ignora esse passado e não mostra qualquer interesse em revisitá-lo. Não são pessoas recrutadas para um exército, são clientes à procura de uma maneira de levarem uma vida gratificante. Se os puder ajudar, óptimo. Se não puder, eles seguem em frente.

Pode tentar ser duro, mas poderá cometer erros. Se se quiser vender a si mesmo, o seu ponto de vista, os seus objectivos, o seu produto ou os seus colaboradores, não siga o modelo da guerra.

Escolha antes a paz.

As "Gravatas Poderosas" estão actualmente sentadas nas prateleiras das lojas à consignação, a apanhar poeira; ao que tudo indica, já tiveram os seus dias.

Cuidado ao fazer o papel de difícil.

CUIDADO COM O CLIENTE QUE REGATEIA OS PREÇOS

Se os compradores sensíveis aos preços só regatearem o preço, podem ser bons e potenciais clientes.

Infelizmente, a maior parte dos clientes sensíveis aos preços regateia tudo. Querem o produto por menos, mas querem mais.

Isso leva tempo. Também exige paciência, reduz o seu prazer no trabalho, bem como a sua margem de lucro. Se acrescentar todos os custos, periodicamente os custos excederão os lucros.

> Cuidado com o "Cliente Despesa".

O PODER DO SEU PREÇO

O autor de um projecto financeiro de uma empresa sediada em Scottsdale, no Estado do Arizona, estava a ganhar o que precisava, mas não o que queria e começou à procura de soluções.

Durante dois anos leu livros sobre vendas e *marketing* e experimentou técnicas diferentes, mas o negócio continuava apenas bom.

Um dia, depois de ter lido que vários produtos e serviços tinham ultrapassado os seus concorrentes por terem simplesmente aumentado os preços, decidiu fazer o mesmo. Aumentou o custo médio da sua hora, em 40 por cento.

No primeiro ano a seguir a esse aumento, as suas receitas aumentaram 65 por cento. Actualmente, as suas receitas anuais aumentam quase 150 por cento. Cessou quase todas as suas outras actividades de vendas e de *marketing*, pois tem todo o trabalho que consegue gerir.

Resultou com a marca de sapatos Timberland. Resultou com o American Express. Resultou com várias universidade norte-americanas.

> Peça mais.

O PODER DO SEU PREÇO, SEGUNDA PARTE

Depois de ter ouvido contar a história anterior, o marido de uma decoradora de interiores canadiana contou entusiasmado a experiência da sua mulher.

Durante dois anos, a sua mulher cobrou o preço habitual para melhoramento de decoração de interiores: 75 dólares à hora. O negócio corria bem, mas não muito bem.

Por isso, aumentou os seus honorários para 125 dólares à hora.

Como conta o marido, o efeito foi imediato. Aumentaram os pedidos de informações de pessoas ansiosas por trabalharem com a "melhor decoradora de interiores" da região.

O aumento dos preços teve ainda outros resultados. Quando os potenciais clientes se aperceberam de que estavam a lidar com a melhor decoradora da zona – a conclusão a que chegaram quando tiveram conhecimento dos seus preços – sentiram-se mais à vontade para perguntar: "Quando podemos começar?" As vendas passaram a ser mais rápidas.

O aumento de preços teve outra consequência imprevista. A sua maior clientela começou a pagar com mais rapidez, mais voluntariosamente e sem falhar. O dinheiro fluía mais depressa. E o controlo de cobranças também demorava menos tempo.

"Foi incrível", conta o marido. (Ela estava ocupada a trabalhar já de volta a casa quando ele contou isto.) "Nunca imaginei que isto acontecesse".

"Só queria que ganhasse o que estava a ganhar antes, mas que trabalhasse menos".

> Teste-se com o seu preço.

TEMPO

Uns dão e outros tiram.

Avalie imediatamente esta situação. Ofereça generosamente o seu tempo àqueles que oferecem e evite os que o tiram.

> O seu tempo é precioso. Dedique-o aqueles que você valorize e que o valorizem a si em troca.

COMO FIXAR NOMES

Provavelmente já ouviu as palavras famosas de Dale Carnegie – que o nome de alguém soa ao próprio como se fosse a palavra mais bonita na sua língua.

Contudo, se for como os 95 por cento dos leitores, esta informação não lhe foi muito útil. Continuamos a esquecer-nos frequentemente dos nomes. Console-se: aqueles que são melhores a fixar nomes muitas vezes também falham.

Mais uma vez, uma solução para melhorarmos é reconhecermos que pensamos visualmente e não verbalmente. O nosso cérebro esforça-se por se lembrar das palavras, a menos que sejam repetidas tantas vezes que não possam ser esquecidas.

Lembramo-nos melhor em imagens.

Aprendemos isto em *marketing*. Repetidamente, pessoas submetidas a testes não se conseguem lembrar das palavras de um anúncio, mas lembram-se muito bem de todas as imagens. Noutros testes, as pessoas não conseguem lembrar-se dos nomes das empresas, mas reconhecem os seus símbolos.

Tire partido disto. Traduza o nome de alguém para uma imagem.

Experimente qual destas abordagens funciona melhor para si e qual a que funciona para outros.

Primeiro, imagine que a pessoa é alguém que já conhece com o mesmo nome. O Jim Desconhecido passa a ser o seu amigo Jim Phillips. Mais tarde repara que os dois Jims têm feições e cabelos semelhantes, o que lhe torna mais fácil lembrar-se do Jim Desconhecido.

Ou imagine que se trata de alguém com um nome famoso. Não consegue visualizar o Tom, mas pode transformar esse homem no "Tom Cruise". Repare novamente num traço físico, talvez no cabelo muito preto, que relaciona imediatamente com o Tom Cruise.

Finalmente, veja se consegue traduzir o nome para uma imagem. O Jim Desconhecido pode ser um "gym". Se o Gym Desconhecido tiver uma aparência desportiva, imagine-o a levantar pesos ou faça simplesmente uma associação de ideias: "Ele anda num ginásio".

Experimente fazer isto. Mas independentemente do que faça, não tente lembrar-se do nome.

Lembre-se da imagem.

Depois, lembrar-se-á com mais frequência do nome.

(150) Você, L.da

Só para ter a certeza, dirija-se-lhes imediatamente pelo nome, de forma a fixá-lo. A seguir concentre-se em repetir os nomes, pois a repetição também molda a memória.

Lembre-se em imagens.

EXISTE ESPERANÇA

"Não consigo lembrar-me dos nomes. Não consigo, nunca consegui. Já deixei de tentar".

Gary disse isto há três anos. Soa-lhe familiar?

Nesse caso continue a ler.

Tal como todos nós, o Gary caiu na armadilha de insistir "Eu sou quem sou." Em parte tinha razão: Gary era quem era no momento em que disse aquilo.

Mas tal como quando evoluiu de jogador de ténis que você não suportava ver para um que podia competir com três quartos dos seus amigos, Gary percebeu que treinar poderia resultar. Sabia que não podia ser perfeito e tinha razão; é ligeiramente disléxico.

Mas o Gary continuou a praticar. Inventou outra memória táctica, que consistia em responder imediatamente depois de uma apresentação dizendo: "Então, *David*, de onde é que é?" Para fixar melhor o nome, ele diria: "Faz-me lembrar o meu amigo *David* Banner", mesmo que a parecença fosse pequena.

Gary melhorou.

Você é quem é, mas torna-se naquilo que faz. Gary continuou a praticar isto e melhorou.

Reparou numa mudança. "Quanto mais vezes me ouvia dizer o seu nome, mais se envolvia comigo. Quanto mais se envolvia comigo, mais envolvido me sentia."

"Além de o facto de me lembrar dos seus nomes me ter ajudado a assinar um contrato com eles, a nossa relação melhorou muito."

Treine.

O SEU CARTÃO DE VISITA

Ouvimos muitas vezes falar da primeira e da última impressão. Mas raramente ouvimos falar das poucas hipóteses que temos de causar *alguma* impressão.

Cumprimenta alguém, fala com essa pessoa, dá-lhe um cartão de visita e despede-se dela.

Um cumprimento, uma conversa, um cartão de visita: é isso.

O que vem a seguir? Uma crescente vaga memória de si e da conversa – e do cartão de visita, a única lembrança tangível e visível.

O seu cartão de visita também lhe dá uma das poucas hipóteses que tem de comunicar o que deve comunicar: que é diferente.

Isto explica a razão pela qual aqueles que trabalham no negócio do alumínio devem ponderar a utilização de cartões de alumínio e este tipo de raciocínio deve ser seguido por quem trabalha em fibra de vidro, caixas onduladas e microprocessadores. É esta a razão pela qual o director de uma escola de natação deve optar pela utilização de cartões transparentes, de dimensões, materiais e mensagens diferentes.

Você quer ser incisivo, diferenciador e especial.

Viu cartões sem seriedade e percebeu que não funcionavam. Tem razão; as pessoas detestam esses cartões. Associam-nos a alguém a tentar fazer um grande esforço, demasiado ridículo, para conseguir causar uma impressão.

Não necessita de um cartão desses; precisa de uma declaração incisiva e autêntica. Supondo que é tudo o que a pessoa pode ter para se associar a si, pode permitir-se não ser incisivo, inesquecível, marcante e especial?

Agora, pense noutro ponto crucial. Há poucos que gostam de sentir que lhes estão a vender alguma coisa. Um "cartão de visita" convencional transmite, essencialmente: "Gostaria de conhecer o seu negócio." Mas precisa de estabelecer uma relação antes de tentar realizar uma venda, o que o leva a uma conclusão óbvia, mas importante.

Precisa de um cartão de "não visita".

Entre outras vantagens, os cartões de "não visita" causam uma impressão especial, pois poucos os usam. Transmitem uma mensagem pessoal: por favor ligue-me a mim, não à minha empresa. Afasta a conversa do tema dos negócios, enfraquecendo a resistência do seu receptor.

Como o fazer correctamente? Ligue para uma agência de publicidade bem cotada e peça para falar com a directora de arte. Diga-lhe que precisa de um bom *designer*, de preferência com experiência em cartões de visita. (Caso esteja indeciso, os criativos gostam de ajudar.)

(152) Você, L.^{da}

Entreviste três *designers* recomendados (peça amostras e orçamentos). Se achar o orçamento extravagante, faça duas coisas.

Pergunte: "Há possibilidade de não fazer uma impressão fabulosa?"

Ou dirija-se a uma loja com artigos de escritório ou a uma papelaria e coloque a mesma pergunta. Se vive numa cidade com uma escola de *Design*, ligue para a escola, peça para falar com um professor de *Design* e pergunte-lhe se lhe pode recomendar um aluno. O estudante precisa da experiência e irá adorá-la, e será suficientemente talentoso para produzir um cartão especial e eficaz.

Os outros irão reparar.

CARTÕES DE NATAL

Milhões de empresas enviam cartões de Natal aos seus clientes e a valiosos parceiros comerciais.

Eis uma das razões para não o fazer.

Normalmente somos assediados com estes cartões numa altura em que têm muito pouco tempo para os ler e avaliar.

Muitos recebem-nos de dezenas de pessoas, o que torna ainda menos provável que se lembrem de si ou da sua mensagem. (Uma grande percentagem de receptores deita fora os envelopes, por abrir).

Pior, acabará por dar por si a enviar tantos cartões, numa altura em que está com pressa, que será tentado a escrever apenas: "Obrigado e felicidades."

Imagine o que é que isto transmite. "A Jane está com tanta pressa, que me disse o mesmo que disse a toda a gente." O leitor faz aquilo que parece ser uma dedução óbvia.

"Para a Jane, sou um entre centenas. Nada de especial."

Gostamos que nos tratem como pessoas importantes. Se não conseguir escrever dezenas de notas pensadas e pessoais no fim do ano, não o faça.

Escolha ocasiões especiais durante o ano para escrever não a 20 pessoas, mas apenas a uma de cada vez. Escolha uma altura exclusivamente apropriada para o cliente. Os dias de aniversário são uma boa ocasião, mas um cartão que revele que sabe mais acerca da pessoa funciona melhor. Experimente a data de nascimento do primeiro filho, por exemplo, ou o dia a seguir à *alma mater** deles ter ganho um grande jogo.

---

* **N. T.** Universidade onde a pessoa estudou.

7 | Sexo (finalmente) e outros assuntos importantes: tácticas e hábitos (153)

A melhor maneira de mostrar aos outros que são importantes é arranjar tempo para eles. Você quer que reparem. Por isso, não envie mensagens esperadas em alturas esperadas. Mande mensagem especiais, muito pessoais, em alturas especiais – alturas especiais só para essa pessoa.

> Não é só a forma como agradece, mas quando e a qualidade com que o faz.

COMO ESCREVER UM MEMORANDO QUE CAUSE BOA IMPRESSÃO

Em todos os memorandos "gordos" existe um "magro" a reclamar para sair e um leitor a desejar que ele o faça.
Escreva uma página.
Se for impossível, resuma o seu memorando no primeiro parágrafo.
Diga aos leitores o que lhes vai dizer, diga-lhes, descreva os passos seguintes propostos e a seguir peça-lhes *claramente* uma resposta.

> Acima de tudo, abrevie.

FOLLOW-UP

O Eric fê-lo; todos o fazem.
Sabe quantas vezes?
O Eric acabara de entrevistar quatro candidatos a um lugar na sua empresa de *design*.
Escolheu quatro de uma lista de dez e não conseguia diferenciá-los com facilidade. Os candidatos pareciam ser todos experientes, amáveis, motivados e empenhados.
Resumindo, Eric viu-se a si próprio na situação que milhares de pessoas ligadas a negócios enfrentam todos os dias. Quem vou escolher?
Quem é que o Eric *escolheu*?
O primeiro candidato que respondeu por carta, depois da entrevista.

(154) Você, L.ᵈᵃ

Muitas vezes, e muito mais vezes do que imaginamos, é esta a diferença nas vendas. Há uns anos, a BellSouth descobriu que as suas duas equipas de assistência via telefone a grandes clientes agiam de maneira diferente. Uma delas recebia críticas geralmente boas dos seus clientes, mas o nível de satisfação da segunda equipa era 40 por cento maior.

Qual era a diferença? A equipa com o nível de satisfação mais elevado tinha uma política de resposta de 24 horas após o contacto com o cliente. O outro grupo não tinha política de resposta e levava uma média de mais de dois dias a responder com uma chamada telefónica.

> Responda no prazo de um dia.

ARRANCAR A VITÓRIA DAS GARRAS DA DERROTA

Ganham-se algumas, perdem-se demasiadas.

Todos passamos por isso. Na realidade, todos os dias sofremos e nos dias seguintes.

Nestas alturas, ajuda lembrarmo-nos que o campeão da World Series* só tem de ganhar quatro de sete jogos – e muitas vezes é tudo o que consegue. Os melhores batedores falham mais vezes, mais de duas vezes do que aquelas em que são bem sucedidos. Até o melhor se apercebe rapidamente de que, embora não se possa alcançar a perfeição, pode alcançar-se a excelência. Tigger Woods disse apenas o seguinte: "Não procuro a perfeição, pois é inacessível. Tudo aquilo a que aspiro é à excelência profissional."

No entanto, você tem uma vantagem sobre estes atletas. Um "fora" é um "fora" e uma bola perdida no golfe é considerada perdida para sempre.

---

* **N. T.** As finais do campeonato de basebol da Major League Baseball. A World Series é disputada entre os campeões da National League e da American League numa série "melhor de 7". Tradicionalmente, a vantagem de jogar 4 dos 7 jogos no seu estádio era alternada anualmente entre os campeões de cada liga. Para aumentar o apelo do All Star Game, desde 2003 esta vantagem é concedida ao campeão da liga vencedora do All Star Game.

Mas os negócios funcionam de maneira diferente. Você não fez o negócio, não ficou com o emprego e não conseguiu a entrevista com o potencial cliente. Mas isto apenas significa que não o conseguiu nessa altura.

Outra pessoa qualquer consegue aquilo de que anda à procura, mas depois falha. De facto, falha-se muitas vezes. Estudos demonstraram que apenas 25 por cento das decisões de contratação resultam bem; uma percentagem igual demonstra serem falhanços totais.

Para fazer negócios, aplica-se a mesma percentagem. Os negócios vêm, mas muitas vezes os negócios vão.

Onde vai estar quando ele voltar? Você tomou as decisões finais.

Por isso, envie uma carta a essa pessoa.

"Fiquei desiludido, claro, por saber que seguiu um rumo diferente, mas estou muito agradecido por ter arranjado tempo para se lembrar de mim. Se alguma coisa mudar – um dia – espero que se lembre de um rumo para mim."

Passados dois meses, ligue ao potencial cliente lembrando-lhe amavelmente que estará sempre interessado. A sua persistência irá impressioná-lo, mas há outra coisa que o impressionará ainda mais. As pessoas admiram aqueles que sabem perder.

Como disse um dia alguém inteligente: "Qualquer um sabe lidar com a prosperidade. Lidar bem com a adversidade, por outro lado, impressiona os outros – para sempre."

> As vitórias vêm e vão. Se insistir, pode acontecer o mesmo com as perdas.

PROCURE MUDAR

Este ano serão editados mais de 300 livros que ensinam a perder peso. Contudo, no final do ano, sairão relatórios a assegurar-nos que haverá mais pessoas com excesso de peso do que alguma vez houve na história do país.

Presumimos que os livros de dietas dão conselhos úteis. Presumimos que as pessoas os lêem e que seguem os seus conselhos.

Nesse caso, o que é que está mal?

(156) Você, L.da

Este ano vemos também centenas de livros com a promessa: podemos ajudá-lo a ter sucesso no trabalho. Em Dezembro deste ano, milhões de pessoas decidem que vão começar em Janeiro.

O conselho é falível? Nalguns casos, talvez. No entanto, um dos assuntos que muitas vezes se levanta é o "estive lá, ouvi isto". Julgam que já ouviram o conselho e que portanto não deve ser o conselho de que precisam. Acham que precisam de algo novo.

Mas um conselho não é menos verdadeiro ou valioso simplesmente porque foi dado antes. E o conselho volta sempre a surgir, porque é constantemente ignorado; até os conselheiros falham em seguir os seus próprios conselhos. (Se seguíssemos os nossos, teríamos escrito mais uma centena de agradecimentos no ano passado.)

"Eu sei", dizemos e julgamos que, por o sabermos, o pomos regularmente em prática.

Mas não.

Lemos este conselho e, em vez de passarmos à acção, reconfortamo-nos. Sentimo-nos reconfortados por saber que o seguimos desde o princípio.

Podemos estabelecer um paralelo perfeito relativamente aos negócios. Precisamos de qualquer coisa nova e diferente, dizem-nos. Olhamos em volta e apercebemo-nos de que eles não precisam do "novo e diferente". Precisam do "velho e necessário". São como a equipa de futebol que decide que aquilo de que precisa para ter sucesso é de jogos mais imaginativos e imprevisíveis. Você olha e diz "Ao que parece, o que devem fazer primeiro é aperfeiçoar a defesa".

Por isso, por favor faça isto. Esteja à vontade para julgar que já sabe tudo o que leu neste livro. Mas a seguir sinta-se desconfortável. Assuma que não está a agir de acordo com *nenhum* destes conselhos. Se estiver a agir de acordo com algum deles, pressuponha que não está a fazer o suficiente. Faça mais.

Leia este livro e a seguir aja de maneira diferente. Concentre-se numa página por dia, numa ideia por dia. Actue de acordo com ela.

Não procure conforto. Procure a mudança.

E a seguir continue à procura.

A MENSAGEM IMPLÍCITA NO *MONEYBALL**

Quando Michael Lewis escreveu *Moneyball*, não tencionava escrever uma história de terror.

Poucos o leram sob este ponto de vista – no início. A maioria, pelo contrário, divertiu-se com a fantástica descrição de Lewis acerca do Oakland Athletics e do seu director geral/herói, a quem o nome de Billy Beane** assenta na perfeição.

Com efeito, o livro reunia dois clássicos, por isso estava destinado a vender centenas de exemplares: *Rumpelstitzchen* e *David e Golias*. Beane pegou em palha – um orçamento operacional relativamente pequeno – e teceu-a, transformando-a em ouro. Com a palha criou uma equipa que enfrentou "grandes equipas do mercado" com os seus jogadores estrela que ganhavam 27 milhões por ano e aniquilou-os.

O Moneyball atrai-o.

A seguir atinge-o.

Julgava que o livro era sobre como desprezar a sabedoria convencional e fazer muito, de muito pouco. Porque aquilo que Beane viu numa outra perspectiva – sem contar com as necessidades financeiras – foi a forma errada como o basebol avaliou a produtividade. *Durante mais de um século.*

E não devia ter acontecido. Durante décadas o basebol quase sofreu mais sob o peso das estatísticas acerca do desempenho dos colaboradores do que qualquer outra actividade humana.

Para seu próprio bem, os directores de basebol e os directores gerais ignoraram estes pormenores ínfimos. Mas os directores, os directores gerais ou os fãs nunca ignoraram as estatísticas mais citadas no basebol.

Durante décadas, toda a gente considerava a média de batimentos de um jogador de basebol a média definitiva da sua produtividade de ataque. Um jogador que marca muitos pontos – que faz uma média de três batimentos em cada dez *at-bats**** – acaba com as dúvidas. Os bons batedores é que ganham os campeonatos.

---

* **N. T.** *Moneyball: The Art of Winning an Unfair Game* ("A Arte De Ganhar Um Jogo Injusto") é um livro escrito por Michael M. Lewis sobre o segredo do sucesso do basebol.

** **N. T.** Em inglês também cassetete ou taco– trocadilho do nome com o objecto usado no basebol.

*** **N. T.** Tentativas de marcar através de batimentos..

(158) Você, L.ᵈᵃ

Depois apareceu um grupo estranho. Autodenominavam-se "saber-metricianos"*. Um dos jogadores que descobriu a descrição de todos os jogos mais importantes da liga das 20 temporadas anteriores juntou esses recordes em caixas e desapareceu durante meses, levando-os para o seu apartamento em Boston.

Quando regressou da sua hibernação, Bill James estava convencido de que todos estavam enganados.

James decidiu que no basebol as faltas** são ouro. Uma equipa pode gastar apenas três em todos os *innings****; quando se acabam, acabam. Uma equipa quer gastar o menos possível, pelo menos até conseguir colocar alguns jogadores nas bases e fazê-los avançar para marcar.

Mas os batimentos não eram a única maneira de evitar as faltas.

Também há os avanços. No entanto, durante décadas, até os fãs de basebol mais espertos acreditaram que os avanços não representavam êxitos, mas fracassos: o fracasso do lançador em fazer chegar a bola pelo menos três vezes em sete ao receptor.

Mas James descobriu que os avanços não eram sempre, ou mesmo frequentemente, o resultado do falhanço de um lançador. Se fossem, os avanços seriam justamente distribuídos ao acaso. David, um defesa da terceira base que bate 260 vezes, devia fazer tantos avanços como José, o jogador que intercepta a bola do lado esquerdo do lançador, que bate 335 vezes.

Contudo, James descobriu que alguns jogadores eram muito adeptos dos avanços, enquanto outros não. Todas as semanas, todos os meses e anos, David fazia mais avanços do que José.

E os avanços eram importantes, pois não gastavam faltas. Um jogador que batesse 200 vezes podia com efeito conseguir chegar às bases mais vezes do que um batedor que gastasse menos faltas e com isso ajudar a conseguir a marcar mais pontos.

Nunca uma equipa deu o devido valor – no sentido figurativo ou literal, em dólares e cêntimos – a jogadores que alcançavam a primeira base por faltas do lançador. A história breve de *Moneyball* é que Beane leu as constatações de James, adquiriu jogadores que chegavam às bases mais vezes e começou a ganhar. Muito.

---

* **N. T.** *Sabermetrics* é a análise do basebol através da evidência objectiva, sobretudo das estatísticas de basebol. O termo deriva do acrónimo SABR – Society for American Baseball Researchers. Foi inventado por Bill James, um dos seus defensores mais importantes.

** **N. T.** No original, *outs*.

*** **N. T.** Um jogo é constituído por nove *innings* (entradas). Em cada *inning*, cada uma das equipas tem a possibilidade de atacar e de defender uma vez.

7 | Sexo (finalmente) e outros assuntos importantes: tácticas e hábitos (159)

O que é que isto tem que ver consigo? Tudo.

Se, depois de todo este tempo e dados o basebol não conseguiu entender quem era valioso, até que ponto é que são exactas as medidas de desempenho na sua profissão, até que ponto é que você é bom e até que ponto é que parece ser bom para os outros?

Você é aquilo que mostra ser – ou talvez seja demasiado silencioso, demasiado barulhento, demasiado entre uma coisa e outra. Parece ser um trabalhador aplicado – ou demasiado descontraído. Você é bom a lidar com clientes ou talvez não.

Para ser avaliado pelo seu trabalho, tem de estar consciente, não só da forma como é avaliado, mas também da impressão que causa. As suas competências e o seu talento influenciarão essas percepções, mas são apenas uma influência. Para onde quer que olhe no local de trabalho, as pessoas estão a reparar nos que conseguiram marcar pontos e a decidir se são competentes, e mal reparam nos que avançam à conta dos erros dos outros.

> Alguns irão subestimá-lo. Faça um plano para os corrigir.

(8)
A sanduíche de 18 milhões de dólares e o dinossauro: sucessos e fracassos deliciosos

Neste capítulo irá aprender:

- como alguns conquistaram o sucesso

À PROCURA DE LARRY GATLIN

Ele disse que não e com toda a razão.

O cantor de música *country* e vencedor do Prémio Grammy Larry Gatlin tem uma segunda paixão na vida – o golfe – e essa paixão todos os anos encoraja centenas a suplicarem-lhe que jogue nos seus torneios de golfe.

O meu Christine Clifford Celebrity Golf Invitational foi um desses eventos. Mas quando soube que Larry vinha a Mineápolis para participar na peça *A Guerra Civil*, pensei imediatamente em Nido Qubein. Um ano antes, conhecera o Nido num evento da Associação Nacional de Oradores que ele organizara. Disse-lhe que partilhávamos uma coisa em comum: cancro. Eu e a sua mulher, Marianne, tínhamos ambas conseguido ultrapassá-lo. Pedi-lhe o cartão, para poder enviar a Marianne os meus livros sobre como superar o cancro com humor.

Constatou-se que Nido era tão competente a organizar conferências como a proferir o discurso principal. Convenceu o Larry Gatlin a aparecer no seu evento – gratuitamente.

Liguei ao Nido. Nido ligou a Larry e introduziu a questão. Resultou.

"Quando o Nido diz 'Atende esta chamada'", conta Larry, "Eu atendo".

Infelizmente, aquilo não significava que Larry ia "morder o meu isco". Larry apresentou as suas razões ao dizer que não. Como era do conhecimento público, Larry era um alcoólico em vias de recuperação. Queria compensar o tempo que perdera com a família e com a sua nova neta. Como artista proeminente dos Gatlin Brothers, Larry também tinha de ganhar dinheiro para o seu grupo.

Através desta informação, tinha um perfil do meu potencial cliente – uma chave para superar uma recusa: estava a enfrentar um artista, um fanático do golfe, um alcoólico em vias de recuperação, um "pai galinha" e um suporte financeiro.

"Pagamos-lhe dez mil dólares", disse, sabendo que a presença de Larry renderia muito mais do que dez mil dólares à nossa causa.

"Agora sim, estamos a conversar", respondeu Larry.

A Sun Country Airlines, a companhia de aviação que servia a nossa pequena cidade, tinha oferecido dez bilhetes de avião para utilizarmos como quiséssemos. Decidi aplicar a maior parte dos bilhetes em Gatlin.

"E se levássemos de avião, para Mineápolis, a sua filha, o seu genro, a sua mulher e a sua nova neta – todos?"

Após uma longa pausa e uma súbita explosão de gargalhadas, fiquei surpreendida com a sua resposta. "A sério? Nunca me tinham feito uma oferta semelhante."

Larry pediu-me que nos encontrássemos pessoalmente, para saber com quem estava a lidar. Combinámos encontrar-nos no dia seguinte no Grand Hotel, para almoçarmos.

Fiquei entusiasmadíssima. Voltei a pensar no homem com quem estava a lidar, apressei-me a entrar no carro e conduzi até à minha primeira paragem: o local que iria acolher o meu evento, o Clube Minikahda.

Umas semanas antes, a sensação maior do golfe não era Tigger Woods. Era uma bola de golfe. A Titleist* tinha apresentado a Pro V1 e tornou-se imediatamente óbvio que não era uma bola vulgar. O seu sucesso era realmente tão grande que não se conseguia encontrar essas bolas em lado algum. Mas sabia que tinha de haver algumas Pro V1 em qualquer lado e sabia que defendia uma causa que era acarinhada.

Dirigi-me ao relações públicas do Minikahda, Doug Nelson, com o meu desafio.

Doug não tinha uma única bola. Nem sequer sabia quando chegava a próxima remessa.

Supliquei. (Como parece que nenhum livro de vendas ou de eficiência pessoal abrange as súplicas, vale a pena referir aqui: por vezes é a única esperança.) De certeza que havia uma caixa algures que pudéssemos descobrir. Há sempre uma solução.

Doug rendeu-se. "Tenho um *stock* privado. Não gosto de me desfazer dele – é mesmo bom – mas convenceu-me, por si e pelo evento." Foi ao seu escritório e voltou com a minha caixa dourada.

Dei um abraço apertado a Doug e apressei-me a regressar ao meu carro. Mas a seguir descobri algo junto à porta da loja que vendia artigos para profissionais: magia. Um par de sapatos de golfe, minúsculo, de pele cor-de-rosa, de recém-nascido, colocado ali, como se alguém soubesse que eu ia lá. *Perfeito*.

Mandei pô-los na minha conta, sem pensar sequer no preço. A seguir fui para o carro e para a próxima paragem no meu caminho.

O meu novo raciocínio: os alcoólicos em recuperação têm de beber alguma coisa. Sabia que alguns se voltavam para o café. Mas, neste caso, a chave para o possível presente de Larry era a chave para qualquer presente. Não podia ser óbvio nem vulgar. O meu presente tinha de reflectir tempo e pensamento extra.

Sabia onde podia encontrar isso: no Gloria's Coffee, no centro da cidade, e numa mistura africana rara, um Château Lafite-Rothschild dos cafés. Também descobri lá uma caixa igualmente rara de chocolates importados.

---

* **N. T.** Fabricante de artigos de golfe.

(164) Você, L.ᵈᵃ

De regresso a casa, encontrei um exemplar a mais do livro *Chicken Soup for the Golfer's Soul*, que incluía uma história que eu escrevera. Autografei aquela página para o Larry. A seguir, um passo final: uma nota para a neta para que levasse calçados os seus minúsculos sapatos de golfe.

"Mary, vais ser uma jogadora de golfe tão fantástica como o teu avôzinho."

Coloquei os presentes num cesto de vime, envolvi a embalagem em papel celofane, respirei fundo várias vezes e apressei-me a ir para o Grand Hotel para o nosso primeiro frente-a-frente.

Sim, Larry Galtin foi ao nosso torneio. Fez uma actuação espectacular. A sua equipa ganhou o evento. E a sua simpatia e generosidade conquistaram as 300 pessoas que estiveram presentes no seu concerto naquela noite. A investigação sobre cancro também ganhou, tendo-se angariado quase 270 mil dólares.

O leitor pode retirar as suas próprias lições desta história, mas algumas são inevitáveis:

Procure constantemente terreno comum; relacionamo-nos melhor com aqueles com quem temos alguma afinidade.

Invista. Aproveite a milha extra e pague o dólar extra.

Quando disser "por favor" ou "obrigado", diga-o de uma forma inesquecível.

O melhor presente que pode oferecer é o seu tempo.

> O melhor cumprimento que pode retribuir a alguém é: "Vejo que tem um coração sensível."

TODOS OS DIAS COM MORRIE

O edifício parece tão plano, que a maioria não repara nele. Não existem motivos para desconfiar que o que está lá dentro lhes cortaria a respiração.

É um edifício em "Qualquer Sítio", no Minnesota, a cerca de meia hora a oeste de Mineápolis. É um edifício semelhante aos outros edifícios espalhados por estas vilas distantes, meio suburbanas, meio rurais, excepto no seu tamanho: cerca de 120 mil metros quadrados. Não tem qualquer sinal indicativo e não tem uma arquitectura que se destacaria – embora quando se vem a saber mais sobre o homem que está por detrás do edifício, a modéstia exterior esteja de acordo com ele.

8 | A sanduíche de 18 milhões de dólares e o dinossauro: sucessos e fracassos deliciosos (165)

O nome do homem pode soar familiar: Morrie. Você pára por um momento. A palavra "automóveis" vem-lhe à cabeça: Importações Morrie, Mazda Morrie, este carro Morrie e aquele outro Morrie. Automóveis, tudo bem. Mas enquanto o edifício é indescritível, os carros com que se depara são quatro Packards descapotáveis de 1938, tão reluzentes que pensa que levaram uma demão de molho de salada, e três Thunderbird descapotáveis clássicos. Vê modelos clássicos mais velhos que não só lhe fazem lembrar *O Grande Gatsby*, como também o último e mais famoso parágrafo do romance onde F. Scott Fitzgerald, natural de St. Paul, se refere de forma notável à beleza "proporcional à capacidade de a pessoa se surpreender".

Tem graça. Este homem gosta de automóveis.

E quanto mais investiga, mais interessantes se tornam o homem e o seu romance.

Quando Morrie Wagener o recebe no seu escritório, na Morrie's Subaru, recebe-o como se fosse a secretária. Insiste em levar-lhe o sobretudo e trazer-lhe café. Quer ter a certeza de que tem tudo o que precisa antes de se sentar. Passados 40 anos, remodelou finalmente o escritório, que continua a ser tão modesto como Morrie. O fogão a gás entre as duas janelas que dão para a I-394 é o único objecto que torna este espaço diferente dos escritórios de um milhar de jovens *vice presidents*, existentes ao longo deste troço da auto-estrada do Minnesota.

"Talvez os holandeses sejam mesmo poupados", diz ele fazendo referência à sua mãe, "e eu sou mais parecido com a minha mãe do que com o meu pai". O pai, nascido na Alemanha, vendia maquinaria industrial e tornou-se senador dos condados de Scott e de Carver. E embora o sentido de poupança de Morrie fosse tipicamente holandês, fora educado com o rigor que costumamos associar aos colonos alemães. Um dia o pai comprou uma quinta e fez questão que todos os nove filhos Wagener trabalhassem nela durante o Verão.

Por muito improvável que possa parecer, quando se trava conhecimento com ele faz questão de dizer que era o rebelde da família. "Saí de casa antes de me ter licenciado na Universidade de Guardian Angel." Mas o romance começou antes. No segundo ano da faculdade, Morrie Wagener comprou um Mercury de 1947 pelo preço verdadeiramente fantástico de cem dólares.

"Via-se que era especial", diz Morrie. Quase imediatamente pôs-se debaixo do carro e examinou-o todo. Passados quatro anos, vendeu-o sete vezes mais caro do que o tinha comprado. ("Um lucro de 600 dólares.

(166) Você, L.^{da}

Quem é que ia adivinhar que isto ia acabar como nos bons velhos tempos?", disse Morrie. Actualmente, os intermediários fazem uma média de 400 dólares de lucro em cada carro novo que vendem.)

Com os irmãos fora, no seminário e na faculdade, Morrie "o Rebelde" naturalmente hesitou. Decidiu ingressar no Dunwoody Institute. Fê-lo, em parte, apenas pela sua paixão por automóveis.

"Em parte, fi-lo porque não sabia mais. Não tinha conhecimento das bolsas." Morrie trabalhava à noite e durante os fins-de-semana numa bomba de gasolina para poder pagar o seu curso em Dunwoody, que era muito mais barato do que uma universidade normal.

Morrie recorda-a como uma boa escola, cheia de rapazes acabados de regressar da guerra da Coreia. Aprendeu ainda mais sobre carros, mas lembra-se de outra coisa igualmente duradoura. "A missão da Dunwoody nunca foi apenas ministrar conhecimentos técnicos. Davam também uma grande ênfase aos valores. Aquelas aulas cativavam mesmo." É uma dívida que Morrie salda todos os dias. Faz parte do quadro do conselho de administração desde 1995 e lidera periodicamente as campanhas de angariação de fundos que fizeram da escola sem fins lucrativos um modelo para as escolas técnicas de todo o país.

O seu trabalho exaustivo em Dunwoody – Morrie licenciou-se com uma nota perto do topo da sua turma em 1957 – rapidamente lhe traria recompensas: dez homens ofereceram-lhe emprego. Não é de admirar, para um rapaz que não gostava de carros americanos – "eram maus nessa altura" – que Morrie se tivesse associado a um pequeno comerciante de carros importados na periferia do centro da cidade. Um ano depois de ter começado a trabalhar ali, a sorte bafejou-o de uma forma estranha.

"O proprietário viajava muito e o director de serviço era alcoólico. À tarde, estava sempre bêbedo. Por isso, tomei conta do departamento. Não havia muito por onde escolher."

No entanto, o ambiente anómalo levou Morrie a procurar um trabalho mais saudável. Em 1958, um concessionário adquiriu um *franchise* na parte oeste dos subúrbios. Morrie foi contratado. Arrependeu-se rapidamente.

"O cheque do meu primeiro salário não tinha cobertura. O tipo conseguia enganar as pessoas, mas não conseguia gerir o dinheiro."

Os problemas persistiram. O proprietário contratou mais cinco técnicos para trabalharem sob as ordens de Morrie – "e os cheques deles também não tinham cobertura". Mas eles não desistiram, por uma simples razão. Morrie pagou-lhes do seu bolso "para que pelo menos pudessem comprar comida e pagar a renda". Esta generosidade para com os seus colaboradores parece ser uma peça importante do *puzzle* do sucesso de Morrie.

8 | A sanduíche de 18 milhões de dólares e o dinossauro: sucessos e fracassos deliciosos (167)

Contudo, mais importante ainda do que as relações internas, eram as que Morrie ia construindo no exterior. Estava a criar um negócio extraordinário, um cliente de cada vez.

A localização suburbana demonstrou ser outra peça do *puzzle*. Tal como ainda se mantém hoje em dia, a área era ocupada por profissionais abastados. Apreciavam sobretudo uma das estranhas características de Morrie. "Os proprietários do concessionário aumentavam os preços das facturas e eu voltava a baixá-los." (Não admira que hoje tenha um cartaz bem emoldurado nos seus *showrooms* com a lista de regras para todos os colaboradores e que a quinta seja: "Dê sempre de volta.").

Morrie persistiu e os cheques começaram finalmente a ter cobertura, embora nunca lhe tivessem devolvido os dois mil dólares que gastou com os colaboradores que não tinham recebido. Morrie trabalhava mais de 90 horas por semana e mantinha-se acordado. Felizmente, os seus agradecidos novos clientes incluíam um psicólogo organizacional que estava convencido de que Morrie se ia tornar um grande proprietário de um concessionário. "Eu trabalhava no seu Triumph descapotável e ele tirava um dia para me consultar. Esta ajuda e encorajamento revelaram-se importantes."

A grande mudança deu-se em 1966.

A Saab estava a tentar criar um *franchise* local. Morrie, ainda partidário de automóveis estrangeiros e na altura fanático por Saabs, quis entrar no negócio. Só precisava de uma elevada quantia de dinheiro: 80 mil dólares para o empréstimo imobiliário e mais 16 mil dólares para o empréstimo bancário, para financiar os automóveis.

Mas com a mesma facilidade com que fez fãs na sua base crescente de clientes, as conversas acerca da sua devoção e integridade chegaram pelo menos ao banco local. Sem um projecto debaixo do braço, Morrie dirigiu-se uma tarde ao Banco Northshore na pequena Wayzata, no Minnesota.

Duas horas depois, saía do banco com o empréstimo.

Actualmente, o império de Morrie – 12 concessionários – estende-se a leste das cataratas de Chippewa e a oeste de Buffalo. Figura entre os negócios mais exigentes do mundo, o "brinquedo de um homem novo", como Morrie o descreve: 30 horas por dia, sete dias por semana e margens de lucro tão baixas que parece que vendem ovos em vez de carros. "É um negócio de, basicamente, dois por cento." Existem apenas os custos das taxas: um dos concessionários de Morrie pagou no mês passado 78 mil dólares só em taxas.

(168) Você, L.ᵈᵃ

O que é que o mantém num negócio tão difícil? Não há duvida que, em parte, o seu amor pelos automóveis e, por outro lado, a satisfação que resulta não só da criação de um negócio, como da criação de relações duradouras – com colaboradores e clientes. "Quando as coisas correm bem", diz ele, "é o melhor negócio do mundo". Mas acrescenta: "Quando correm mal, não há nada mais duro".

Mas, com uma segunda casa em Paradise Valley, no Arizona, por que é que ele e a mulher, de 45 anos, não ficam a olhar literalmente para o pôr-do-sol? Neste momento são meros visitantes. "Fins-de-semana prolongados", disse ele, "cerca de uma vez por mês." Não mais do que isso?

"Como disse, quando o negócio de automóveis corre bem, não há nada mais divertido".

E quando não corre?

"Há o prazer de aparecer com qualquer coisa para o melhorar."

Uma manhã passada com Morrie e fica convencido de que ele é único. Aparece vestido com um modesto fato cinzento e uma gravata preta simples, um par de *mocassins* informais pretos Florsheim e com um ar mais de funcionário de armazém prestável do que de proprietário de toda a cadeia – bom, como aquele edifício nos subúrbios. Passa por ele e não imagina o que Morrie conseguiu fazer. De certeza que não adivinha o que está lá dentro – um cavalheiro, no verdadeiro sentido da palavra, talvez até um regresso ao tempo dos negócios de aperto de mão e dos contratos de boca. (Como prova, veja em baixo a declaração de valores).

Depois daquela terça-feira com Morrie, é fácil começar a pensar que ele tem razão. Era mesmo rebelde.

Ainda é.

O texto anterior mostra como é que Morrie Wagener foi bem sucedido e como se "vendeu" a si próprio. Há aqui várias lições que desafiam o nosso modelo comum de "uma história, uma moral".

Os "não tão segredos" de Morrie revelaram-se tão importantes no seu sucesso e nos dos seus muitos concessionários, que estão afixados à entrada de todos, com o título "Os lemas de Morrie":

Sirva. O nosso amigo do Minnesota Bob Dylan cantou certa vez: "Temos de servir alguém." Vá mais longe: sirva toda a gente.

Dê tudo o que há em si. Isso satisfaz toda a gente.

Dê de volta. Os nossos pais tinham razão quando tentávamos apropriar-nos das bolachas dos nossos irmãos. Diziam "partilhem".

Aja sempre bem. Resulta e fá-lo sentir-se melhor.

Continue a aprender. Uma boa instrução começa na escola; nunca acaba.

Tudo começa com amor. Ame a sua família, o seu trabalho, os seus amigos e os nossos convidados, e a benção de acordar todas as manhãs com a possibilidade de fazer algo realmente importante.

O sucesso de Morrie também sugere mais três lições:

Sacrifique. Morrie percebeu que, se desse muito, as boas pessoas iriam retribuir-lhe a generosidade e qualquer negócio deseja boas pessoas. O seu hábito de descer os preços foi tão além da experiência que existia com outros concessionários que os clientes se sentiram obrigados a continuar a comprar-lhe os seus automóveis.

Não comece pelo dinheiro. Comece com alguma coisa de que goste tanto que passaria todo o dia a fazê-la. Morrie adorava carros. Também percebeu que também adorava dar. A combinação das duas coisas levou-o a exceder os seus sonhos.

Adapte. Quando Morrie era adolescente, o computador mais compacto do mundo pesava 26 toneladas. Morrie estava bem estabelecido no negócio antes de os computadores se terem tornado uma ferramenta, muito menos produtiva. Mas nunca achou que os conhecimentos antigos é que eram bons; aprendeu a utilizar ferramentas novas, por muito desconfortável que fosse o esforço que isso implicava. E as ferramentas revelaram-se indispensáveis num negócio. Com margens de lucro tão baixas, tudo o que poupe na produção pode significar a diferença entre lucros e perdas.

Seja um Morrie.

(170) Você, L.ᵈᵃ

ARNIE

Mais uma vez, só a Christine poderia contar esta história:

O meu livro *O Cancro Tem As Suas Vantagens* precisava de um empurrão.

Todos os anos, os editores norte-americanos editam 75 mil novos livros e os potenciais leitores sentem-se confusos com o excesso de oferta. O meu esforço precisava de qualquer coisa que levasse os potenciais compradores a dizer: "Vale a pena ler isto."

Conhecia a pessoa perfeita para escrever o prefácio: Arnold Palmer. Era um nome familiar, ele e outros membros da família tinham sobrevivido a um cancro e já o conhecia há quase 30 anos.

O "Prefácio de Arnold Palmer" iria levar milhares a pegar no meu precioso bebé. Liguei para o escritório de Arnie e falei com a secretária, que sugeriu que fizesse o meu pedido por escrito.

Por isso, escrevi-lhe uma carta e inclui o manuscrito, dando ênfase a uma história de golfe, para que ele a lesse primeiro. Passadas três semanas, recebi a sua resposta.

Elogiava-me, e ao meu trabalho, mas dizia: "Estou demasiado ocupado para escrever um prefácio que faça jus ao seu trabalho" e acrescentava que nunca tinha apoiado um produto que não fosse seu ou de um patrocinador da empresa.

Soava a um "não".

Eu falhara, mas só durante uma fracção de segundo. Desliguei o telefone e fiz uma segunda chamada para a Florida. Para o Dr. Clarence H. Brown III, também conhecido por "Dr. Buck", o CEO do M. D. Anderson Center Cancer Orlando. Tínhamos colaborado em vários projectos. Felizmente, para aquilo que eu tinha em vista, já lhe dera qualquer coisa sem esperar que me retribuísse. Tinha doado livros para a sua biblioteca, participado na sua angariação de fundos anual e feito uma apresentação gratuita como retribuição das apresentações que ele me pagara. Não menos importante, tendo em consideração a paixão do Dr. Buck pelo golfe, tinha-lhe enviado certa vez bilhetes gratuitos para o meu torneio de golfe.

Perguntei ao Dr. Buck se escrevia o prefácio. Não só aceitou imediatamente, como perguntou se havia mais alguma coisa que pudesse fazer para me retribuir.

Oh, claro que podia! O Dr. Buck era o oncologista de Arnie.

Contei ao Dr. Buck a reacção de Arnie. O Dr. Buck sugeriu que, uma vez que Arnie tinha pouco tempo, podíamos pedir-lhe que escrevesse uma Introdução, que podia ser só umas frases e não obrigaria Arnie a ler o livro todo. Podíamos preparar um rascunho para o Arnie e o Dr. Buck podia levar-lho e ajudá-lo a alterá-lo.

Que foi exactamente o que ele fez.

Tinha ajudado o Dr. Buck e o Dr. Buck quis retribuir. Ele sabia que o Arnie iria responder à oportunidade de ajudar doentes com cancro – se poupássemos tempo a explicar-lhe isso e poupando-lhe o tempo que ele não tinha. Por nos termos apercebido de que a única objecção de Arnie era o tempo e, principalmente, ao transformarmos o nosso produto numa coisa que poupasse muito mais tempo a Arnie, conseguimos uma aprovação valiosa.

Mais uma vez, obrigada, Arnie, e a si, Dr. Buck.

> Sim, dar faz *realmente* com que se receba.

BARNEY

Começou tudo pela observação dos olhos de algumas crianças.

Sheryl Leach viu-o nos seus filhos quando estavam a ver um vídeo que ela fizera sobre dinossauros.

À semelhança do que acontece com a maioria dos êxitos, a genialidade do vídeo de Sheryl não tinha que ver com a sua convicção de que faltava qualquer coisa no mundo – neste caso específico, programas de televisão "bons para as crianças". A sua convicção e aquele olhar no rosto dos filhos foi o que a convenceu. Veio pedir-nos ajuda.

Pediu-nos a opinião acerca do vídeo. Dissemos que tínhamos gostado, mas frisámos que, sendo bom para crianças dos cinco aos sete anos, não fazíamos parte do mercado-alvo. Mas os nossos filhos sim.

Felizmente, tínhamos aprendido a testar um vídeo para crianças. O teste não consiste em perceber se as crianças o vêem ou se parecem gostar dele. Consiste em perceber se elas o vêem tantas vezes que já não precisam de som: começam a recitar o texto em voz alta.

Os nossos filhos fizeram-no.

Entretanto, Sheryl levou o vídeo para um teste de mercado no Toys 'R' Us. Não comoveu. O observador racional concluíu que afinal não havia um mercado para o vídeo.

Ou havia?

(172) Você, L. da

A primeira chave para a possibilidade de comercialização da nossa ideia não é existir grande interesse, mas a paixão óbvia de uma significativa minoria.

As grandes ideias fazem deflagrar pequenos fogos e os fogos crescem.

"Eu gosto." "É uma ideia mesmo boa." Estas respostas são assassinas. O que você quer sentir é paixão.

Sheryl sentiu paixão, mas o seu produto ainda estava condenado. Abrimos um concurso incentivando três mil vendedores da área a convidarem toda a gente – mercearias, grossistas, lojas de presentes de bairro – a aceitar o vídeo. Para onde quer que ligassem, a resposta "não" perseguia-os.

Mesmo assim, Sheryl sentiu a paixão. E percebeu mais qualquer coisa: *compramos com os olhos*.

Isto dificulta a venda de um vídeo. É apenas um vídeo que exibe a lombada numa prateleira. É fácil um cliente não reparar nele; na realidade, repararia nele apenas se estivesse mesmo à procura do vídeo. E mesmo assim, pode não reparar nele.

Sheryl percebeu que tinha de captar os olhos das pessoas. A sua solução simples: um dinossauro de peluche engraçado a acompanhar o vídeo. A seguir, para encher mais o olho e a prateleira, mais dois vídeos.

Nós compramos com os olhos.

Já tinha quatro produtos, um deles um símbolo visual forte para a marca. Mais do que um único produto, tinha uma linha de produtos de marca. As crianças queriam ver o dinossauro e queriam um. Quando perceberam que o seu novo animal de estimação era uma estrela de cinema, também quiseram o vídeo.

A Sheryl já tinha os olhos das pessoas. Em meses tinha os corações das crianças, um programa de televisão, uma linha de roupa, lancheiras, guardanapos de papel – o império chamado Barney.

Ela insistiu, como devem fazer os grandes vendedores. Mas insistiu porque perguntou, escutou, viu e ouviu a paixão.

As pessoas que não conhece estão apaixonadas por aquilo que está a vender?

Se estão, você conseguiu – ou está apenas a um passo de o conseguir. Descubra a última peça do *puzzle*.

Se sente verdadeira paixão, é porque conseguiu – ou está muito, muito perto de conseguir.

A SANDUÍCHE DE 18 MILHÕES DE DÓLARES

No dia 8 de Dezembro de 1994, a Procter & Gamble entregou a uma empresa até então muito pequena, um negócio de 18 milhões de dólares. Tudo por causa de um hambúrguer de queijo e pimentão doce.

Nenhuma das dezenas de empresas que concorriam por esta conta enorme podia ter adivinhado que tanto se resumia a tão pouco. Mas bastava-lhes terem perguntado.

A história começa em Cincinnati e na sede da P&G. No Outono anterior, vários executivos perceberam que tinham criado um monstro. Durante vários anos, contrataram e mantiveram 20 empresas diferentes para os ajudar a gerir o inventário, a armazenar os *stocks* e a fazer publicidade nos pontos de venda, entre outros serviços nas lojas. Com as 20 empresas diferentes vieram 20 facturas diferentes, 20 relações para gerir de maneiras diferentes e outras deficiências evidentes.

A solução da P&G era óbvia: consolidar.

A ferramenta inicial também era óbvia: um concurso*.

Com tanto dinheiro em jogo, foi gasto outro tanto. As empresas concorrentes, que normalmente enviariam um representante para fazer as suas apresentações, enviaram nada menos do que oito, de avião. Quando semanas depois o comité de apresentações da P&G voltou para visitar os finalistas nas suas cidades, os seus elementos festejaram em vários dos melhores – e mais caros – restaurantes dos EUA. A conta do vinho não foi poupada.

Mas os concorrentes ignoraram uma coisa:

O apetite de Bruce.

Bruce fora de avião para Mineápolis para uma visita às instalações da SPAR Marketing, com a intenção específica de garantir que a SPAR tinha o pessoal necessário e que conseguia gerir uma conta de grande dimensão. Chegou ao aeroporto de Mineápolis ao meio-dia.

Estava esfomeado.

Como qualquer um que tenta persuadir alguém, a vendedora da SPAR estava desejosa por impressionar Bruce e os seus três colegas da P&G quando os recebeu no aeroporto. Pensou que seria perfeito convidá-los para almoçar no Clube Minikahda com vista para o Lago Calhoun, ou num dos outros restaurantes de "fechar negócios" de Mineápolis.

A seguir a mulher ouviu sussurrar:

"Não se esqueça de perguntar."

---

* **N. T.** No original *RFP - Request for Proposal*.

(174) Você, L.ᵈᵃ

Em vez de decidir impressioná-los, decidiu fazer o que eles quisessem. Perguntou-lhes o que *queriam* fazer.

Bruce sabia. Tinha visitado as Cidades Gémeas* há uns anos e nunca mais se esquecera da sanduíche: hambúrguer com queijo gratinado e pimentão doce, num pãozinho doce redondo. "Não me recordo do sítio, mas nunca me hei-de esquecer da sanduíche."

"É a Delwich da Lincoln Del", disse a vendedora. "Mesmo a caminho do nosso escritório."

Bruce atacou a sua querida Delwich com satisfação e as gargalhadas na Lincoln Del naquele dia revelaram que a melhor maneira de quebrar o gelo pode ser com uma sanduíche. O grupo acabou de comer e fez a curta viagem de carro até à sede da SPAR. Foram-se embora e, para a SPAR e para os concorrentes, começara o tempo de espera.

Terminou 16 dias depois, passava pouco das 7h30 da manhã.

"Tenho boas e más notícias para vocês." Ups. Esperem, talvez não?

"As boas notícias é que vocês ficaram com o nosso negócio."

Júbilo. Esperem, talvez não. Há as más notícias.

E as más notícias?

"A mesma coisa: vocês ficaram com o *nosso* negócio." Bruce riu-se, lembrando-se da reputação de cliente difícil da P&G.

Qual é o volume de negócios?

"Dezoito milhões de dólares." A SPAR tinha duplicado, literalmente, durante a noite.

O que é que fez a diferença?

"A sanduíche. Mais ninguém nos perguntou o que queríamos; acharam que tínhamos ficado impressionados com o restaurante mais chique da cidade deles. Já vimos dezenas de sítios daqueles. Mas só vimos um Lincoln Del."

"Pensei que quem aparece com a sanduíche certa na altura certa também deve lidar connosco de maneiras diferentes."

Os efeitos visuais marcantes surgem repetidamente na história das vendas. Muito depois de as apresentações terminarem e de as luzes se voltarem a acender, os potenciais clientes ficam com uma única recordação visual e enraíza-se um "Efeito Marcante". Lembram-se tão bem daquilo que é marcante, como das pessoas associadas a esse efeito.

Escolhe-se repetidamente o que é marcante.

A Delwich e a barulhenta Lincoln Del foram marcantes, porque eram únicas. Todos os outros concorrentes optaram por um restaurante com candelabros e toalhas de mesa de linho brancas. A SPAR optou pelo oposto – um restaurante de petiscos, barulhento – e ganhou.

---

* N. T. No original, *Twin Cities*, que correspondem às cidades de St. Paul e Mineàpolis.

No fim, com 20 empresas deixadas para trás, alguém da Procter & Gamble poderia perguntar: "Muito bem, qual delas era a SPAR?" Tudo o que seria preciso dizer era: "As pessoas da Delwich." Todos se lembravam da sanduíche, das gargalhadas e do simples gesto de perguntar.

Consequentemente, a SPAR era a única empresa de que eles se lembravam – e que escolheram.

> Seja marcante.

UM DIA COM O MELHOR VENDEDOR DO MUNDO

Entre os maiores feitos do mundo em termos de vendas, nenhum ultrapassa o que ocorreu um pouco antes das 14h, a 16 de Julho de 2005 em Florença, Itália.

Em primeiro lugar, a hora e a data são relevantes para este feito. Naquele dia a meio do Verão, como era de esperar, fazia calor em Florença: 34 graus.

Ninguém pensaria em comprar um casaco de couro de mangas compridas, pesado e invernoso.

No entanto, naquele dia, Raphael Asti não vendeu só um casaco daqueles, mas três, a um casal – um casal que tinha ido a Florença à procura apenas de um par de sapatos de pele cor de laranja.

Este feito começa com o casal de norte-americanos cheios de sede. Descobriram um café sombrio no lado norte de uma grande praça, a Piazza Republica. No lado oposto àquele onde estavam, mais ou menos à distância de um campo de futebol, viram uma réplica da famosa estátua de David.

O casal trocou impressões acerca da escultura. Quando a mulher acabou de falar, ouviram ambos uma terceira voz.

"Não é o David original, sabiam?"

Não querendo passar por ignorantes (e com a vantagem de terem lido previamente os guias), o casal voltou-se para o sítio de onde vinha a voz, para dizerem que a sua notícia não era novidade nenhuma. Viram um homem de ombros e peito largos de 35 anos, quase de certeza italiano pelo tom de pele e traços do rosto, mas não pelo corpo. Podia ser um defesa do clube de futebol americano San Francisco 49ers.

"Sim, sabíamos", declararam os norte-americanos, em coro.

(176) Você, L.ᵈᵃ

Esta situação deu início a uma daquelas relações de amizade de um dia, espontâneas, intensas e únicas que se estabelecem entre os turistas e as pessoas que conhecem. O homem apresentou-se: Raphael. O seu domínio do inglês tornou-se imediatamente óbvio: a sua pronúncia, no mínimo, apontava mais para a Califórnia do Norte do que para o Norte de Itália. Ele explicou. A sua mulher trabalhara a dada altura no departamento de compras da Saks na Quinta Avenida, originalmente de São Francisco.

Que interessante! Como é que se tinham conhecido? "Fui encontrar--me com ela", disse ele. "A minha família trabalha na área do couro."

Continuaram a conversar. O homem charmoso fez perguntas aos turistas sobre luas-de-mel e a costa de Amalfi do seu país; eles fizeram-lhe perguntas acerca da mulher e dos filhos. Ficaram a saber que fizera casacos de pele para a Hillary Clinton e para a Venus Williams, entre outras celebridades. (Mais tarde iria confirmá-lo com fotografias das mulheres vestidas com as suas criações).

Fascinante, disseram eles.

"Querem ver os meus casacos?", perguntou ele. "A minha loja fica apenas a um quarteirão daqui."

Claro que sim.

Ligou para a loja para avisar que iam lá.

Os turistas foram muito bem recebidos na loja e perceberam imediatamente o motivo do orgulho do jovem. Uma vez que Florença está para o couro como Key West está para as *T-shirts* – um sítio com um excesso de abundância tal que se julga que a lei da oferta e da procura fazem com que os preços dos artigos de couro desçam ao preço de algumas embalagens de pastilhas – tinham mesmo de ver: peças elegantes e únicas.

Raphael encontrou rapidamente o casaco indicado para a mulher: um casaco à sua medida, cor de chocolate, que por dentro mudava para uma tonalidade mais clara em pele de camurça. Com o seu cabelo castanho e a sua pele cor de azeitona, a mulher poderia ter sido a inspiração daquela obra de arte.

Era bonito. Tão bonito, aliás, que perguntaram:

"Quanto custa?"

Raphael pega numa calculadora, mostra-lhes o preço da etiqueta e a seguir o seu preço especial para o casal. Comparativamente com as lojas norte-americanas, o preço é irresistível, mesmo que o casaco não tivesse uma função possível naquele dia abrasador.

Transacção concluída – não, ainda não.

Raphael pergunta-lhes se gostariam de ver a sua loja principal a apenas uns metros da ponte de referência de Florença, a Ponte Vecchio. Tão perto, então sim, claro.

O trio caminhou na direcção do rio.

Foram novamente muito bem recebidos, desta vez por uma empregada com uma garrafa de Chianti na mão, envolta num laço vermelho. "Um presente", disse ela, estendendo-a ao casal surpreendido.

Raphael convidou o casal a ver a sua *pièce de résistance*. Tem razão. É uma peça a que é impossível resistir: um casaco comprido de pele e pêlo de animal, em múltiplos tons de castanho. Raphael colocou a sua obra de arte sobre os ombros da mulher. Como que por milagre, cada tonalidade de castanho condiz com uma tonalidade dos cabelos da mulher. Já não é uma turista americana. Através do milagre do couro e da linha de coser, transformou-se numa estrela de cinema.

A pergunta seguinte do casal é inevitável: Quanto por parecer uma das nomeadas para Óscar de Melhor Actriz Secundária? Raphael mostra-lhes novamente o preço da etiqueta e a seguir o "preço só para si". É o preço de *résistance*.

Como é que podiam não pagar muito menos de um milhão de dólares para ficarem com um aspecto desse valor?

Não podiam.

No início das provas, o casal mostrou-se preocupado com a reserva do almoço. Quando acabaram, o jovem empregado comunicou-lhes que lhes reservara almoço, juntamente com uma garrafa de vinho oferecida "por conta da loja".

Mas esperem, há mais. Esta peça extraordinária, pele com uma estola de raposa. Favorece-me, que bonita – muito bem, quanto custa? Oh céus, uma fortuna em Nova Iorque e uma pequena fortuna em Florença, mas com o desconto do *designer*, parecia que estavam nos saldos da Gap! Vendido!

O casal chegara a Florença apenas com o objectivo de comprar um par de sapatos cor de laranja. Partiram, num dia demasiado quente para usar qualquer coisa mais pesada do que um par de sandálias, com três casacos e a visão assustadora da próxima conta do American Express.

O que é que o Raphael fez?

Vendeu, sem vender. Com efeito, desde o princípio que parecia desviar a conversa do seu trabalho. Basicamente, transmitiu o orgulho que tinha na sua arte e apenas perguntou aos turistas se a queriam ver, uma vez que se encontravam na Cidade do Couro.

Vendeu com a sua paixão – uma força sempre poderosa.

Vendeu com a sua empatia. Percebeu que até o seu preço reduzido era mais do que o casal tencionava gastar, mas também conseguiu transmitir – como o conseguem fazer muitos italianos, devido à perspectiva de viverem um dia após o outro – que por vezes as pessoas só têm de viver.

(178) Você, L.^{da}

Desenvolveu – um ponto-chave – um sentimento de reciprocidade. Raphael ofereceu mais do que um preço regateável. Incluiu vinho, reservas para almoço, o "vinho por conta da loja". Cada vez que o casal dava, comprando um casaco, Raphael dava-lhes qualquer coisa em troca. Cada vez que ele dava, eles sentiam necessidade de retribuir.

> Seja como o Raphael.

GIOVANNI E A EXTRAORDINÁRIA FORÇA DA PAIXÃO

Um dia, Kay Redfield Jamison olhou à sua volta, reparou na extraordinária força de um sentimento raro e escreveu um livro encantador sobre o assunto.

O assunto é a *Exuberância*.

Lembrar-se-á deste título se um dia se deparar com o melhor *maître d'hotel* do mundo.

O seu nome é Giovanni Freelli e a sua base é um hotel à beira de uma falésia, em Ravello, Itália, o famoso Hotel Caruso.

É fácil reparar-se nele. Entre outras razões, pela sua parecença com o Robert de Niro na saga *O Padrinho*. O seu fantástico nariz romano, queixo proeminente, pele cor de azeitona, cabelo preto penteado para trás, tudo desperta esta associação.

Se tiver a sorte de passar uns dias neste hotel, reparará noutra coisa. Viu o Giovanni ontem à noite, já tarde, durante a exibição de fogo de artifício, lançado da praia. Recorda-se de o ter visto também ao almoço. Neste momento está a atendê-lo ao pequeno-almoço.

Começa a pensar, embora não possa ser verdade, que ele esteve lá, a toda a hora, durante todos os dias da sua estadia.

Não resiste a perguntar-lhe.

Faz horas extraordinárias enquanto dão formação ao *maître d'hotel*? (O hotel reabriu recentemente após vários anos de obras de remodelação e os grandes *maîtres d'hotel* não são fáceis de encontrar numa cidade italiana tão pequena.)

"Não."

Não? Você apercebe-se de que fez uma pergunta retórica; tinha a certeza de que a resposta seria "sim". Mas "não"?

Disse que o viu ao pequeno-almoço, ao almoço, ao jantar e agora, novamente ao pequeno-almoço. Talvez haja outra explicação: trabalha três ou quatro dias por semana, 16 horas por dia e a seguir o outro *maître d'hotel* assume o comando na segunda metade da semana. É isso?

Não. Diz que trabalha todos os dias, menos ao domingo.

Vai a casa todos os dias?

"Sim. Durante uma hora, às quatro da tarde, tomar duche e mudar de roupa para o jantar." (Usa um casaco branco antes das quatro da tarde e um casaco preto à noite.)

"Noventa e seis horas por semana?", pergunta você, depois de ter multiplicado as 16 horas, das oito da manhã à meia-noite, por seis dias semanais.

"Sim."

Meu Deus! Porquê?

"É o que gosto de fazer. Gosto de estar com todas estas pessoas, neste sítio". E acrescenta, de uma forma inesquecível:

"Isto sou eu."

Podia argumentar-se que Giovanni se tornou o *maître d'hotel* mais famoso do mundo, simplesmente devido à prática. Ao trabalhar duas vezes mais horas por ano do que qualquer pessoa com a sua profissão, acumulou 40 anos de experiência nesta carreira de 20. Mas não há dúvida que existe mais qualquer coisa.

Ele descobriu a sua paixão e sentimos isso. Gostamos de estar perto dele, de sermos servidos por ele, de sentirmos que a vida é animada por ele.

Sabemos que fará tudo o que puder para tornar a nossa estadia perfeita.

E fá-lo.

> Viva também as suas paixões.

(9)
Três pensamentos, um desejo

Neste capítulo irá aprender:

- um pequeno resumo do que fazer para ter sucesso

(182) Você, L.^{da}

Terminamos com três pensamentos – não, três convicções veementes.

Primeiro, estamos impressionados com as histórias finais. Fazem-nos lembrar de uma forma vívida o poder de dar. O Dr. Buck e o Arnie deram porque houve mais alguém que deu; Morrie Wagener deu durante anos, e continua a dar, e parece mesmo que enriqueceu por o ter feito; e o Raphael recebeu, porque o Raphael deu.

O título do nosso livro parece sugerir-lhe: "O que é que eu posso receber?" Se houver apenas uma resposta, talvez seja esta:

Dê e a seguir observe.

Em segundo lugar, lembramo-nos do livro de Kurt Vonnegut, *God Bless You, Mr. Rosewater*, em que o tio rico de Eliot Rosewater lhe dá conselhos sobre como ter sucesso. Sabendo que faltam a Eliot todas as qualidades de uma pessoa perfeita, o tio deseja-lhe sorte:

"Um dia, uma grande quantia de dinheiro irá mudar de mãos, Eliot", disse ele. "Vê se estás lá."

O sucesso anda por aí. Umas vezes é-se bem sucedido por se andar atrás dele. Outra vezes é-se bem sucedido simplesmente por se estar no sítio certo e ele passa por nós e bafeja-nos.

Vá onde não quer ir. Vá para o sítio certo.

Decididamente, o nosso título soa a narcisismo. (A falecida Katharine Hepburn, uma famosa e assumida narcisista, intitulou a sua autobiografia de *Eu* e não resistimos a acrescentar a observação de Fred Allen acerca de um narcisista que "vi a caminhar e a dar apertos de mão a si próprio".) A lição irónica é que raramente somos bem sucedidos sozinhos. Os outros tornam-se nossos clientes, amigos, mentores, pessoas que nos emprestam dinheiro e nos dão conselhos. Mas ao compreendermos os outros, aumentamos as nossas hipóteses de descobrirmos o nosso lugar.

Um dia isto irá trazer-lhe mais dinheiro, mas todos os dias o tornará uma pessoa mais realizada.

Você pode ser parecido com um dos co-autores deste livro, um introvertido; muitos leitores são-no. Sente-se desconfortável neste mundo de relações, um canhoto num mundo de utensílios para destros, e é difícil seguir as nossas sugestões. Nós compreendemos.

Continue em jogo. E perceba que todos os dias há mais qualquer coisa que pode fazer para crescer e colher as recompensas. Estamos a pensar nas palavras de um determinado poeta que muitas vezes citamos para nós próprios: Viva os problemas e não se preocupe se eles persistirem.

Viva o problema e um dia irá viver a solução.

Por fim, pensamos em Henry David Thoreau. Celebremente isolado em Walden Pond, comunicando apenas com a natureza e talvez com Deus, Thoreau encorajou-nos a todos a estender a mão e a agarrar a vida.

Como E. B. White disse dele, Thoreau transmitiu-nos que "todos os dias são um convite para a sua dança".

Uma notável escolha de palavras. De todos os escritores da história, não há nenhum tão difícil de imaginar a executar uma simples *two-step**, muito menos um samba, do que Thoreau. Mas há o seu apelo, a sua derradeira mensagem para todos nós:

Vá para a dança da vida. A vida é um milagre, vivido às cegas.

Tentamos conduzir a dança sempre que podemos e as palavras deste livro têm-nos ajudado. Esperamos que o ajudem a si também.

Christine e Harry
Março de 2007

---

* **N. T.** Uma dança popular nos países a sul dos EUA e que tem semelhanças com a polca.

Gostou deste livro? Oferecemos-lhe a oportunidade de comprar outros dos nossos títulos com 10% de desconto. O envio é gratuito (correio normal) para Portugal Continental e Ilhas.

Sociedade Pós-Capitalista — Peter F. Drucker	19 € + iva = 19,95 €
Liderança Inteligente — Alan Hooper e John Potter	19 € + iva = 19,95 €
O que é a Gestão — Joan Magretta	19 € + iva = 19,95 €
A Agenda — Michael Hammer	19 € + iva = 19,95 €
O Mundo das Marcas — Vários	20 € + iva = 21,00 €
Vencer — Jack e Suzy Welch	21 € + iva = 22,05 €
Como Enriquecer na Bolsa — Mary Buffett e David Clark com Warren Buffett	16 € + iva = 16,80 €
Vencer (áudio) — Jack e Suzy Welch	15 € + iva = 18,15 €
O Diário de Drucker (versão capa mole) — Peter Drucker com Joseph A. Maciarello	19 € + iva = 19,95 €
O Mundo é Plano — Thomas L. Friedman	20 € + iva = 21,00 €
O Futuro é Hoje — John C. Maxwell	19 € + iva = 19,95 €
Vencedores Natos — Robin Sieger	19 € + iva = 19,95 €
Nunca Almoce Sozinho — Keith Ferrazzi com Tahl Raz	19 € + iva = 19,95 €
Sou Director, e Agora? — Thomas J. Neff e James M. Citrin	19 € + iva = 19,95 €
O Meu Eu e Outros Temas Importantes — Charles Handy	19 € + iva = 19,95 €
Buzzmarketing — Mark Hughes	19 € + iva = 19,95 €
A Revolução da Riqueza — Alvin e Heidi Toffler	21 € + iva = 22,05 €
A Cauda Longa — Chris Anderson	20 € + iva = 21,00 €
Vencer: As Respostas — Jack e Suzy Welch	19 € + iva = 19,95 €
Um Nível Superior de Liderança — Ken Blanchard	19 € + iva = 19,95 €
Know-How — Ram Charan	19 € + iva = 19,95 €
Mavericks no trabalho — William C. Taylor e Polly LaBarre	20 € + iva = 21,00 €
O Poder de uma Hora — Dave Lakhani	18 € + iva = 18,90 €
A Cauda Longa (áudio) — Chris Anderson	17 € + iva = 21,57 €
Onde Estão os Bons Líderes? — Lee Iacocca com Catherine Whitney	19 € + iva = 19,95 €
O Que é o Lean Six Sigma — Mike George, Dave Rowlands e Bill Kastle	15 € + iva = 18,15 €

Colecção Espírito de Negócios

Gestão do Tempo — Polly Bird	18 € + iva = 18,90 €
O Poder do Pensamento Positivo nos Negócios — Scott W. Ventrella	18 € + iva = 18,90 €
A Arte da Liderança Pessoal — Randi B. Noyes	18 € + iva = 18,90 €
Comunicar com Sucesso — Perry Wood	18 € + iva = 18,90 €
Persuasão — Dave Lakhani	18 € + iva = 18,90 €
Como destruir uma empresa em 12 meses... ou antes — Luis Castañeda	18 € + iva = 18,90 €
Ler Depressa — Tina Konstant	18 € + iva = 18,90 €
Como gerir pessoas difíceis — Carrie Mason Draffen	18 € + iva = 18,90 €
Saber trabalhar melhor — Mark Gulston	18 € + iva = 18,90 €
É hora de decidir — Michael Useem	18 € + iva = 18,90 €
A verdade sobre a negociação — Leigh Thompson	18 € + iva = 18,90 €

Colecção Harvard Business School Press

Visão Periférica — George S. Day e Paul J.H. Schoemaker	20 € + iva = 21,00 €
Questões de Carácter — Joseph L. Badaracco, Jr.	20 € + iva = 21,00 €
A estratégia Oceano Azul — W. Chan Kim e Renée Mauborgne	20 € + iva = 21,00 €
Síndrome do Macho Alfa — Kate Ludenman e Eddie Erlandson	20 € + iva = 21,00 €
O Futuro da Gestão — Gary Hamel	20 € + iva = 21,00 €
Cinco Mentes Para o Futuro — Howard Gardner	20 € + iva = 21,00 €

Colecção Jovem Empreendedor

Por que é que os empreendedores devem comer bananas — Simon Tupman	19 € + iva = 19,95 €
Qualquer um consegue — Sahar e Bobby Hashemi	19 € + iva = 19,95 €

Colecção Conceitos Actuais

Afinal quem são "eles"? — B.J. Gallagher e Steve Ventura	16 € + iva = 16,80 €
O Tao de Warren Buffett — Mary Buffett e David Clark	12 € + iva = 12,60 €
As leis "não escritas" da gestão — W.J. King (actualização de G. Skakoon)	12 € + iva = 12,60 €
Os melhores conselhos de investimento que recebi — Liz Claman	12 € + iva = 12,60 €

Total	
10% desconto	
Custo Final	

Pode enviar o pagamento por cheque cruzado, ao cuidado de **Conjuntura Actual Editora, Lda.** para a seguinte morada:
Caixa Postal 180 | Rua Correia Teles, 28-A | 1350-100 Lisboa | Portugal
Por favor inclua o nome completo, morada e número de contribuinte.

Os preços, adequados à data em que o livro foi editado e à disponibilidade, podem ser alterados.
Para mais informações visite o nosso *site*: **www.actualeditora.com**